DIGITAL TRANSFORMATION

Zoho認定パートナー
ONiWA株式会社 [著]

中小企業の
DX成功は
ツール選びが
9割

「Zoho」でつくる
売上と業務効率を
向上させる仕組み

三恵社

はじめに

　日本では、1993 年からインターネット接続サービスが始まり、1995年に Microsoft が「Windows95」を発売。インターネットが普及し始めてから約 28 年が経ちました。

　今では、IoT（あらゆるものがインターネットにつながる）が進み、さまざまな情報がデジタル化されました。それに伴い、仕事の内容も大きく変わりました。かつて営業は足で稼ぐと言われたように、電話でのアポ取り、訪問が中心でした。

　しかし、インターネットの普及とともにアポ取りは電子メールに置き換わり、最近では訪問や商談もオンラインで実施されることが普通になりました。また、話題の AI は、人が書くような文章やデザインと遜色ないレベルで代わりに作成してくれます。そう遠くない将来、AI を活用して仕事をすることが当たり前になるかもしれません。変わり続ける世の中のこの流れは、もはや誰も止めることができません。

　だからこそ、会社を成長させるために今、IT 投資をしなければならないと感じていませんか。

　確かに、中小企業にとって IT 投資は必要です。しかし、その多くの投資は、会社にとってコストに終わってしまっているところが多いことをご存じでしょうか。

　IT 投資がコストに終わってしまう原因の多くは、一貫した売上までのゴールを描ききれていないまま、様々な IT ツールを場当たり的に導入してしまっているからです。

　よくある話は、部署ごとに違う IT ツールを導入したためにかえって効率が悪くなっていたり、基幹システムが古くて使いづらいため一部だけ新しいツールを入れたものの、結果として作業が増えただけになってしまったりという話です。

　このような残念なケースにはすべて共通した問題が潜んでいます。どん

1

な問題かというと、IT ツールの選定方法と導入方法です。どのような IT ツールを選べば、自社にとって真の意味で効果があるのか。あるいは IT ツールを導入する際は、どういう手順でどの部署から行えばいいのかという方法は、誰も教えてくれません。

「システムベンダーの話を聞いてもよくわからない」

と、自社にとって最適なシステムや IT ツールを検討しようといろいろ話を聞いたけれど、結局よくわからなかった。という声も残念ながら少なくありません。

あるいは

「勧められるままに導入したけど、結局運用できないので意味がなかった」

という声もあります。

弊社は、IT ツールを事業の成長のために活用していただくため、中小企業の IT・デジタル化を支援しています。本書は、弊社が現場から掬い上げた声をもとに、どうすればシステムや IT ツールの導入が中小企業の役に立つのかを真剣に考え導いた結論をまとめた物です。IT やデジタルのことをあまりよく知らない方でも理解していただけるよう、なるべく専門用語を避け、しっかり実践すれば効果がある手法とその始め方を解説しています。

活用次第で企業の力を何倍にもしてくれる IT の力を、できるだけ多くの方に伝え、実感していただくことが弊社の使命です。本書が、これから DX を始めようとする方々にとって少しでも役に立てば幸いです。

目　次 ——これから DX を始める中小企業のための「Zoho」スタートガイド

第 4 章　中小企業に最適な Zoho とは

Zoho One 無料トライアルのはじめかた

第 5 章　Zoho を使ってメールマーケティングを実践する

第 6 章　システムを活用してさらなる成長を目指す

第 1 章

中小企業のDX は
営業中心で考えよう

1-1 中小企業における正しい DX の進めかた

IT・デジタル化は中小企業の悩みを解消する

　昨今、目覚ましい AI 技術の発展によって、世界全体のあらゆる物事が加速度的に変化し、先の見通しが立てにくくなっています。さまざまなところで、従来と同じ経営体制、業務体制のままではよくないと叫ばれていますが、とはいえ、どうすればよいかを教えてくれる人はいません。いつ明けるかわからない景気不安と労働人口の減少からくる人材不足、グローバル化への対応など、日本企業はそうした複数の問題に立ち向かっていかなくてはなりません。

　先ほど挙げたような課題を解消し、かつ企業を成長させ続けるには、優れたノウハウや技術力があるだけでは不十分です。なぜならノウハウや技術力を最大限活かすには、資本力や人的リソースの２つが欠かせないからです。しかしながら中小企業には、そのどちらも足りていないのが現状です。日本経済を支えているのは、今も昔も変わらず中小企業です。でも、現在の中小企業は、後継者不足に悩み、人材不足に悩み、売上創出の機会に悩み……と、右を向いても左を向いても悩み事だらけの状態に陥ってしまっています。

　たったひとつの判断が会社を揺るがしかねないとわかるからこそ、何からどのように手をつけていいのかわからないという声をよく聞きます。そんな苦境に立たされている中小企業が少なくないのです。

　でも、そんな苦境を救ってくれる方法があります。それは、IT の力です。

　IT といわれると、途端に苦手意識が生じ避けたくなる人もいるかもしれません。しかしながら IT は、うまく活用すればそれまで長く抱えてい

たさまざまな問題を解消できる可能性を秘めています。先ほどもお伝えしたような、変化のスピードの加速化や慢性的な人材不足をはじめとするさまざまな問題を、限られたリソースで対応するなら、ITの活用がソリューションとして最適解です。

IT・デジタル化でできること

　ITの活用といわれても、具体的なイメージが浮かびにくい人もいると思いますが、決して難しく考えないでください。次は、ITを活用してできることと、それが業務にどのような効果をもたらすかをまとめたものです。

（1）大量のデータの保管や処理ができる…業務効率化、ペーパーレス化
（2）情報処理速度が速い…業務効率化、生産性向上（空き時間でコア業務に集中）
（3）定型的なことを正確に繰り返すことができる…ミス防止
（4）時間や場所を選ばずに情報やデータを共有できる…業務効率化、機会損失防止
（5）情報・データをさまざまな領域で活用できる…生産性向上、戦略立案

　上は非常に簡単なまとめですが、IT活用によって中小企業の抱える課題のいくつかは解消されそうなことがお分かりいただけると思います。
　例えば人材不足の悩みに関しては、これまで人が行ってきた作業の自動化ができるため人材不足を補うことができます。また、営業のように情報の共有が難しい部署や属人化しやすい職種においては、情報の共有や可視化が容易になります。データや情報が可視化されるようになれば、分析もスムーズになり、経営上のさまざまな判断がしやすくなります。経営判断がしやすくなれば、好機を的確に捉えた戦略を立案し実行できるようになります。

業務効率向上から始まる DX はやめておく

ここ数年で、DX というキーワードをよく見聞きするようになりました。

DX とは、デジタルトランスフォーメーションの略で、『企業がビジネス環境の激しい変化に対応し、データとデジタル技術を活用して、顧客や社会のニーズと共に、製品やサービス、ビジネスモデルを変革すると共に、業務そのものや組織、プロセス、企業文化・風土を変革し、競争上の優位性を確立すること』と定義づけられています（経産省ホームページより）。

やや解釈が難しいですが、簡単にいうと、IT を活用していくことで迅速な経営判断や業務の効率化などを図り、新たなビジネスや価値を創造していこうということです

最近は特に DX 推進のためのさまざまな制度や補助金が設けられるようになりましたが、これらはひとえに、現在の日本企業が置かれている状況に十分適応していくために避けられないことだからでしょう。

繰り返しお伝えしているように、中小企業にとって IT 活用・DX 推進は必要不可欠です。ですが、その進め方を間違えると不要な労力や支出が伴います。それは一体どういうことでしょうか。

DX 推進として注目されるのは IT を活用した業務効率の向上ですが、実は中小企業の場合、業務効率の向上だけを目的にしても、目立った成果を上げることができません。理由は簡単で、費用面での採算性が合わないことが多いからです。DX 推進を狙ったシステムの導入には、どうしても初期投資が必要になります。しかもその初期投資は、決して安価ではありません。ですから、その投資した分の費用をどのように回収し、投資以上の効果を得ていくかという視点は絶対的に必要なのです。

しかしながら、案外その視点が抜け落ちているケースが少なくありません。DX 推進における最悪のケースは、大規模投資をしたにもかかわらず、業務の中に IT システムの活用を馴染ませることができず、言葉どおり "導入しただけ" になってしまうケースです。

こうした事態を防ぎ、IT を中小企業にとって利益をもたらす味方にし

ていくには、まず売上創出を優先的に捉え、それに関連する部門から手を
つけていくことが大切になります。

用語解説 「DX とは」

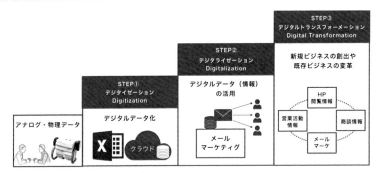

図1：DX に至るまでのステップ

　IT・デジタル化の第一歩は、デジタイゼーションから始まります。
　デジタイゼーションとは、アナログデータのデジタル化という意味で、わ
かりやすくいえば紙の書類を電子データ化するということになります。例え
ば、これまで紙で発行していた請求書を Word や Excel 等で作成し、メール
に添付して送信するといったことはデジタイゼーションに分類されます。
　次のデジタライゼーションというのはビジネスプロセスのデジタル化のこ
とです。
　先ほどの請求書の例でいえば、請求書をメール送信するのではなく、クラ
ウド上にある指定フォルダにアップロードするといったことです。おそらく
ここまでであれば、多くの企業でもすでに実践済みのはず。まだまだ紙のデ
ータが根強く残っている企業もありますが、デジタライゼーションまでであ
れば、「なんだそんなことか」と感じる人もいるはずです。
　そして最後のステップとなるには、デジタルトランスフォーメーションで
す。
　このデジタルトランスフォーメーションこそ本書のテーマとなっている
DX ですが、デジタルトランスフォーメーションでは、請求書の作成及び送
受信のプロセスの効率化によって生まれた時間を使い、新たなサービスやビ
ジネスを創造することです。
　このように DX は一足飛びに辿り着けるわけではなく、「デジタイゼーシ

ョン」「デジタライゼーション」という段階を経てはじめて「デジタルトランスフォーメーション（DX）」が実現するという流れになると理解しましょう。決して、何か便利な IT システムを導入することが DX ではありません。

業務効率向上の本当の目的は売上アップ

　IT の活用というと、何かと業務効率向上と結びつけがちです。でも、中小企業においては、特定の業務の効率化を図ったとしても利益に反映されるのはわずかで、IT システムの導入費用によって得られる効果と比較すると、IT システム導入の方が会社にとって負担になってしまうのが現実です。

　もちろん、一括りに中小企業と言っても、企業規模や状況はさまざまです。業務効率向上が結果として利益増加に大きく寄与するケースもありますし、人材不足を補うために IT システムよる効率化が必要なところも多いことは承知しています。それでも、やはり中小企業は売上創出にこだわることが大事です。

　DX 関連のご相談を受けていると、「在庫管理をシステムで自動化できないか？」や「見積書や請求書の発行をスムーズにしたい」といった業務効率向上に関するご相談が多いです。ただ、よくよく話を聞いていくと、最終的に IT システムを活用してより売上を上げる仕組みがつくれないかというご相談に変わっていることが往々にしてあります。どうして目的が変わってしまうのかと思うかもしれませんが、それは、そもそも業務効率を向上させたいという目的の根底にあるのが業績アップへの期待だからです。であれば、最短距離で業績アップに繋がるような方法で IT を導入した方がいいのです。

　ここ数年で、企業の IT・デジタル化の支援サービス・システムはかなり数が増えました。雨後のタケノコのように次々と新しいものが登場するため、「そもそも何から始めていいのかわからない」や「自社は一体どうすればいいのか？」のような漠然とした悩みを抱え続けている人もいま

す。

　多数のサービスの中からどれを選べばよいのかは、正直なところ、企業によって求めることがさまざまですから、はっきりした選定基準があるわけではありません。

　そのため、ひとまず今業務上で困っていることをラクにしよう、効率化しようといって、悩みが発生する都度、サービスやシステムを導入しがちです。

　でも、先ほどもお伝えしたように中小企業においてはIT活用による業務効率向上の成果は、ほとんどの場合においてインパクトのある成果になりません。だからこそ、せっかくお金を使うのであれば、会社の業績により貢献するよう、売上中心でIT活用を考えた方がいいのです。

　何も業務効率の向上をやめようと言っているのではありません。お伝えしたいことは、最初は売上中心に考え、その後から業務改善を行い利益を増大させていくという順番が大切だということです。

　DXを推進する書籍等では、ITツール導入の際には費用対効果をしっかり考えましょうとありますが、ITツール導入によって売上に大きな変化が生まれなければ、どんなに綺麗事を並べてもITツール導入に係る費用はコストに過ぎません。

　IT・デジタルの活用やDX推進はさまざまな業務エリアで行われますが、弊社がより経営効果の高い売上創出に関連する部門からDXを始めるべきだと推奨するのは、せっかくのITツールの導入をコストにしてほしくないという想いがあるからです。

売上に直結する営業部門からDXしよう

　前項では、中小企業がDXに取り組むなら売上創出に関連する部門から始めるべきだとお伝えしました。売上創出に関連する部門とは具体的に何を指しているのかというと、顧客との接点があり最も売上に影響する営業部門のことを指します。

　会社の組織構成は会社毎に異なりますが、営業部門はどの会社にも必ず

存在していると思います。もしも部署として存在していないなら、営業チームまたは担当者のことだと捉えてください。

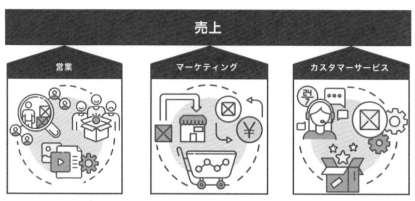

図2：売上創出に直接関わる部門

　営業は顧客との接点が多く、会社の売上にも大きく関わっている会社の生命線のような役割を担っています。にもかかわらず、顧客対応は営業担当者個人の力に依存してしまっていることが多く、個人の能力差が現われやすくなっています。

　個人の能力差が現われやすいのは、営業という仕事の特性上、ある程度仕方のないことかもしれません。ただ、それだけでなく、顧客との関係構築や対応の方法など、属人化しやすい情報を社内やチーム内でこまめに共有する習慣がないことも原因の一つです。

　ここで言うこまめな情報共有とは、「商談の約束が取れた」とか「問い合わせメールが〇件あった」という成果や進捗報告だけを指すのではありません。「〇〇社の〇〇さんが次のイベント企画の集客方法に困っていた」といった、共有すべきかどうかを迷う情報や、いつどのタイミングでアポを取ったのか、問い合わせに対してどのように対応したのか、という担当者の行動履歴に関する情報。それから、初回の問い合わせ時にこの情報を提供した方がうまくいく傾向があるといった経験から生まれる知見などもすべて含んでいます。

　営業担当者は普段、顧客の元へ足を運び、顧客と直接接する中でさまざまな情報を入手しています。なぜ何度も顧客の元へ足を運ぶかというと、顧客のことをより理解した方が最適な提案ができ、その結果商談につながることを知っているからです。

　営業担当者が持っている顧客に関するさまざまな情報は、共有すべきことでなかったり自分の中での仮説だったりする場合、営業担当者が自分の手帳やパソコンなどで顧客のデータを管理したり、自分の記憶だけを頼りにしたりすることが多いです。このような状況に心当たりがある人も少なくないのではないでしょうか。

　さて問題はここから先です。

　営業が顧客と接触することで知り得たさまざまな情報は、どのような情報であっても会社の資産といえますから、可能な限り社内で共有しておかなければなりません。でも、実際にやろうとするととても手間がかかります。営業担当者1人が管理できる情報の量は限られていますし、常に顧客の元を行ったり来たりしているわけですから、社内の他の人が顧客について知りたいことがあっても、担当者が不在で仕事が止まってしまうということは日常茶飯事です。でももし仮に、営業担当者が知り得た顧客のさまざまな情報が抜け漏れなく社内で共有できているとしたらどうでしょうか。

　営業の進捗状況や顧客情報の共有のために欠かせない電話やメール、チームミーティング内での進捗報告、日報や週報……。そうした類のものが不要になり、その場で顧客対応できるような環境が作れるとしたらどうでしょう。少なくとも今よりも機会損失を減らし、営業成果を上げることができると思いませんか。

　営業部門からDXを始めようというのは営業部門の情報共有を円滑にすることだけが目的ではありません。他の理由としては、昨今の顧客の行動変化に対応するためにも必要だからです。

　常に人材不足に悩む中小企業の営業部門は、担当者が常に抱えきれないほどの業務でひっ迫しています（もちろん他の部門も同様です）。実際に足を運び顧客対応をする傍ら、顧客データをまとめたり分析したりする作

業が次から次へとやってきます。そこへオンライン化が進み、顧客の行動やニーズが変わってきているのです。商談ひとつを取り上げても、リアル中心の営業活動にオンラインでの商談をも加えるなど、営業スタイルを変えた会社も多いはずです。こうした変化への対応も、営業担当者にとっては大きな負担です。インターネットを活用した営業活動に力を入れている会社はどんどん増えていますから、顧客はこれまで以上に比較検討がしやすい状況になっています。

　一説によると、BtoB の場合は、顧客の購買プロセスの 57％が営業担当者に会う前に既に終わっているそうです。

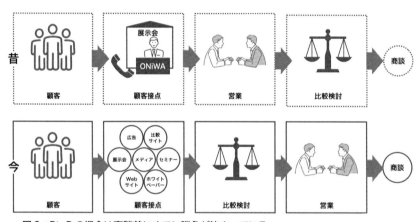

図 3：BtoB の場合は商談前にすでに勝負が決まっている

　これまでなら、顧客からの問い合わせに少々時間がかかっても許されていたかもしれません。でも、今は違います。問い合わせをもらってから動くようでは時すでに遅し、顧客が自ら問い合わせをしようとする前に、顧客が欲しがっている情報を差し出すくらいの素早さで対応していかなければ、声すらかけてもらえません。

　中小企業の営業部門は、売上に直結しやすい部門だからという理由で属人化しやすく旧態依然のスタイルが根強い傾向にあります。でも、もうそれでは今の時代の流れについていくことができません。流れについていけ

ないからといってみすみす売上が下がるのを黙って見ているわけにはいかないはず。あらゆる物事の変化のスピードが早く、かつ 中小企業の IT 化が本格的に浸透し始めている今だからこそ、まずは売上に直結しやすい営業部門から IT 化を強化すべきなのです。

1-2 売上はどうやって上げるのか？

売上を構成する要素を知ろう

　前項では、売上創出を中心に据え、営業部門からIT・デジタル化、ひいてはDX化を推進する考え方がいいとお伝えしました。それが中小企業が本当に望んでいることを叶える最短距離の方法と言えるからです。

　ここで営業部門の強化として具体的に何をすべきかが知りたくなりますが、その前に大切なことをお伝えしておきます。それは、売上の構成要素についてです。売上を上げる方法というと、いくつもの施策が思い浮かぶと思いますが、いきなり何かをやろうとせずに、まずは売上がどのように構成されるかを考えてください。

　売上は、次のような式で表すことができます。

売上＝商談数 × 商談成約率（受注率）× 平均受注単価

　どの企業にも毎月の売上目標があると思いますが、現在の売上よりもさらに伸ばそうと思ったら、売上を構成する要素を考え、どこを改善すれば目標を達成できるのかという順番で考えます。

　よくあるのは、「今月の売上がいくらなのか？」と売上だけに意識が向いてしまい、売上を構成する要素がどうなっているかまで把握しきれないことです。

　下がりつつある売上だけをみて「もっと売上を上げなければ」と焦る気持ちはよくわかります。しかし、根本の問題が解決されなければ、本当の意味での解決になりません。

　「売上を上げたいから○○をしよう」とやみくもに動くのではなく、ま

ずは何を改善すれば売上が上がるのか、ボトルネックとなっていることを把握するのが先決です。

　例えば、改善すべきは商談の成約率なのに「もっと商談を増やさなければ！」と営業に必死になっても根本的な原因が改善されないままでは現状は変わりません。

売上増加のために、商談数を増やすことに集中する

　さて、ここで売上を構成する要素についてもう少し説明を加えておきます。

　売上を構成する要素は、「商談数」「商談成約率」「平均受注単価」の3つですが、この3つのうち、一番改善しやすいのは商談数です。

　BtoBの場合、商談の成約率は約10〜30％だと言われています。もちろん商談の成約率が少しでも改善するように日々の努力は必要ですが、インパクトのある改善にはなかなか結びつきません。

　受注単価も商談成約率と同様、大きな改善は難しいのが現実です。それに対して商談数は、営業活動次第ではある意味どこまでも増やすことができます。売上目標を単純に2倍にしたいと考えた場合、商談成約率と平均受注単価が変わらないなら、商談数が2倍になるように工夫することで目標を達成することができます。

図4：売上の公式

　中小企業の中には、ルート営業がメインになっている会社も少なくありません。ルート営業のよいところは、売上が安定することや新規顧客の獲得に必死にならなくてもよいことなどですが、近頃では「そうも言ってい

られない」と仰る経営者が増えてきたように感じます。

　いつまでも既存顧客との関係性にあぐらをかいていてはいけないと、危機感を感じられている経営者が多いということです。

　しかしながら、本書の冒頭にも書いたように、中小企業はそもそも常にリソース不足を抱えています。営業担当者を増やそうとしても人がいないので、今までのように"足で稼ぐ"という発想に限界がやってきています。

　売上を増やすには、営業部門を強化して商談数を増やすのが近道とはいいましたが、やり方を変えなければ増えた商談数を捌くことができません。

1-3 なぜ営業部門のIT化をすると商談数が増えるのか？

　前項では、売上を構成する要素について説明し、売上を上げるには商談数を増やす工夫をするのが最も効果的だとお伝えしました。ただ、中小企業においては人材不足はさることながら、冒頭でも触れたようにアナログ中心の営業活動になっていることが多いため、無理に商談数を増やそうとしても限界があります。だからこそ、必要なのは営業部門のIT化です。

　では営業部門をIT化することで、どうして商談数が増えると言えるのでしょうか。

　その理由は大きく2つあります。1つは、業務効率化や情報の可視化が可能になることで、オペレーション的な業務が減り、コア業務に集中できるようになるからです。2つめは、見込み顧客の育成などナーチャリングを一定まで自動化することができるので、営業効率が上がり、確度の高い顧客を見極めてアプローチできるようになるからです。

（1）営業効率が上がり、やるべき仕事に集中できる

　システムによって営業のプロセスや社内の情報共有の方法が変われば、営業のあり方が変わります。営業のあり方というとやや抽象的ですが、わかりやすい表現に言い換えれば、営業として本来やるべき仕事に集中できるようになるということです。というのも、これまで人がやっていたいくつかの業務が自動化できるようになるからです。

　例えば、ある商品を購入したことのある顧客データだけを抽出し、分析レポートを作成するといった業務があるとします。ITツールがなければ、エクセル等でバラバラに管理されている顧客情報や売上データを探して集め、可視化できるようにグラフを作成する……。といったことをまず行わ

19

なければなりません。でも、ここまでの業務ならシステムの力を借りれば
ほんの数分で完成してしまいます。仮に資料作成に半日かかっていたとし
たら、それだけでもかなり業務効率が向上します。ただ、本当に大事なの
は資料作成の工数が削減できることではありません。この削減できた工数
を有効的に使い、出来上がった分析レポートをもとにさらに深い考察を加
えることが、営業担当者が本来やるべきことです。

　営業の業務効率が上がることで可能になるのは、書類作成業務など事務
的な仕事だけではありません。例えば顧客データが一元管理される環境が
あれば、商談管理や顧客分析がこれまで以上にスムーズに行えるようにな
ります。そうなることで変わるのは、顧客対応の質です。

　システムを活用することで、これまで把握しづらかった商談管理が見え
る化するので、顧客を待たせることなく、求められる情報をその場で提供
できたり、顧客が本当に欲しがっているものを最適なタイミングで提案し
たりも可能になり、商談の機会損失を防げます。

　顧客と接するのは営業担当者だけではありません。カスタマーサポート
部やその他の部署など、複数の部署が顧客とやりとりをするケースはたく
さんあるのではないでしょうか。

　そのような時、顧客側に「〇〇部から△△のことはこちらで聞いてほし
いと言われました」と言わせるよりも「〇〇様ですね、△△の件は聞いて
おります」というように、先回りした情報共有ができた方が顧客側の印象
はよくなります。小さなことですが、接客の質が向上すれば結果として顧
客のエンゲージメントを高めることにも繋がっていきます。

（2）自動でナーチャリングでき、営業効率が上がる

　営業部が抱える悩みのひとつに商談件数が増えないというものがありま
すが、システムで適切な商談管理が行え、顧客情報が社内で共有できるよ
うになってくると、商談件数を増やすことも可能になります。

　1-2で、売上を上げるには商談件数を上げるのが最も素早く効果的だと
お伝えしましたが、では、その商談件数を増やすにはどのようにしていけ

ばいいのでしょうか。

　本書で主に扱う BtoB では、商談件数を増やすにはまずリードナーチャリング（見込み顧客の育成）が必要だといわれています。その理由としては、BtoB は「商材単価が高額であること」と「意思決定者が複数いる」という特徴があり、商談プロセスが図のように長期化する傾向があるからです。

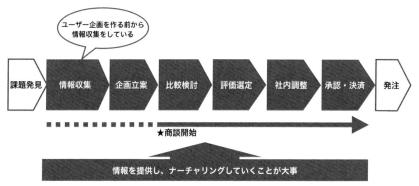

図5：BtoB の商談プロセスは長期化する

　リードナーチャリングを成功させるためのポイントは、顧客の検討段階に沿って、最適な情報提供を行うことです。

　これに対しシステムができることは大きく2つあります。1つは、顧客の求めるタイミングでの情報提供が確実に行えること。もう1つは、顧客の検討段階に沿った情報提供が自動でできることです。

　顧客が情報を探したり問い合わせや資料請求を行ったりするタイミングは、必ずしも自社の業務時間内とは限りません。また、業務時間内だったとしても担当者が不在の場合もあります。業務時間外にせよ担当者の不在にせよ、顧客対応が「できない」状態であることは事実です。そうした「できない」状態を解消し、24 時間顧客の求めるタイミングとスピードで対応してくれるのがシステムの魅力です。さらに、大量の情報を扱うことができるため、問い合わせ件数がいくら増えたとしても何も問題がないのです。

では、顧客の検討段階に沿った情報提供についてはどうでしょうか。

　BtoB でリードナーチャリングを行う場合、従来なら目の前の顧客が現在どのような検討段階なのかどうかを知る手段として営業担当者が顧客の元へ訪問し聞いてくるといったアナログの手法がメインになっていたと思います。

　でもシステムを使えば、顧客の検討段階は可視化できる可能性があります。さらにその顧客の行動履歴がデータとして蓄積されていきますから、顧客の検討段階に応じて顧客が求める情報提供を自動で行えるようになるのです。

　詳しくは後述しますが、言ってしまえばこちら側は「顧客が特定の行動をとったらこの情報を提供する」といったルールさえ決めてしまうだけでよく、検討段階が進み顧客の確度が高まってからアプローチをするという方法をとっていけるのです。

　ここで「そんなことをしなくても、これまで通りの営業方法でいいのでは？」と感じる人もいるかもしれません。でも、現在の BtoB における顧客との接点は、これまでと比べると図のようにかなり増えていることがお分かりいただけると思います。

図6：顧客接点の数は増えている

　顧客接点の数が増えるということは、それだけ集められる顧客の数や情報も増えるということですし、リアルだけでなくさまざまなデジタルチャネルからの顧客からの問い合わせに対して、1件1件を丁寧に対応し続けることは難しいはずです。でも、システムを活用すれば大量の顧客情報も扱えるようになります。

顧客の状態に合わせた アプローチをしよう

商談数を増やし営業効率を上げるには、顧客に対する理解が欠かせません。どのようなアプローチをすればいいかは、顧客の状態別で施策を考えるようにしてください。

顧客を３つのタイプに分けて考えよう

顧客は、その状態で既存顧客と見込み顧客、そして潜在顧客の３つに大きく分けられます。

顧客の分類や言葉の定義に関してはさまざまありますが、本書では次のように定義することとします。

● 既存顧客

自社の商品・サービスをすでに１度でも購入（または利用）したことのある人

● 見込み顧客

自社に何らかの関心を持ってくれている人で将来的に購入してくれる可能性の高い人

● 潜在顧客

既存顧客と見込み顧客のどちらにも分類されない人。まだ自社商品やサービスを知らない、もしくは潜在的にある自分の悩みにまだ気がついてない状態の人

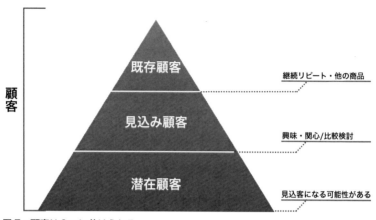

図7：顧客は３つに分けられる

　図にもあるように、顧客は置かれた状態によって求めることが異なるため、それぞれの顧客の状態に対して最適な営業施策を展開していく必要があります。

　では、上記で挙げた３つの顧客に対しそれぞれどのような営業アプローチをするのが良いのでしょうか。

既存顧客へのアプローチ

　すでに自社の商品・サービスを利用したことのある顧客あるいは継続的に利用してくれている顧客には、自社から離れていかないようにリテンションマーケティングを行います。

　リテンションマーケティングとは、既存顧客との関係性を維持するためのマーケティング活動です。ここを疎かにして新規顧客獲得ばかりに集中していると、競合に大切な顧客を奪われてしまう可能性があります。新規顧客の獲得にはコストがかかりますから、既存顧客へのアプローチは非常に大切なマーケティング施策です。

　リテンションマーケティングの代表的な施策にメールマーケティングが

あります。メールマーケティングについては後の章で説明しますが、簡単に説明しておくと、ある顧客リストに対してメールを配信し、集客や商品提案、ファン育成、サービスの購入などを促す施策のことです。

　既存顧客の中には、すでに利用をやめてしまっている休眠顧客も存在します。そうした休眠顧客の掘り起こしを行うにも、メールマーケティングは適しています。ただ、一方的なメールを配信するだけではなかなか興味関心を引くことができません。ですからいかに顧客の興味関心に合わせ情報提供や提案ができるかが成功のカギになります。

見込み顧客へのアプローチ

　自社に何らかの関心を持ってくれている人で将来的に購入してくれる可能性の高い人のことを見込み顧客といいますが、見込み顧客は、少なくともある程度自社のことあるいは自社に関連のあるテーマに関心があるとされるため、なるべく早い段階で購入・利用してもらうにはどうするかを考えなければなりません。そのためには、見込み顧客の検討段階に基づいたアプローチが求められます。

　例えば、自社のWebサイトやブログ、SNSの訪問ユーザーには、見込み顧客が多く存在しますが、見込み顧客が欲しがるような事例集や料金表、カタログなどがダウンロードできるようにするといった施策が必要です。

　Webサイト上のこうした施策は、見込み顧客に自社のことを検討してもらう上で大切なことですが、まだまだWebサイト上でこのような施策を行っていない企業も多いです。問い合わせフォームから実際に問い合わせを受けてから対応するという受身状態や営業担当者が訪問先で営業資料等を配布するといった非効率な状態を少し改善するだけでも、状況が好転する可能性は十分にあります。

潜在顧客へのアプローチ

　本書では、潜在顧客のことを、まだ自社商品やサービスを知らない、もしくは潜在的にある自分の悩みにまだ気がついてない状態と定義しました。

　新規顧客開拓をしていく上では、潜在顧客に自社の存在を知ってもらうための営業活動は大切ですが、いってみれば不特定多数の人に対して営業活動を行ってくださいと言っているようなもの。相手の情報を手に入れていない段階ですから、まずは自社の認知拡大に繋がるような施策から始めていくことになります。

　潜在顧客へのアプローチとしてよく行われる施策としては、広告や展示会、オウンドメディアなどを通して行う認知拡大のための施策の他に、テレアポや訪問営業などプッシュ型営業と呼ばれる施策があります。

３つのタイプのうち、どの顧客を優先すべきか？

　ここまで３つの顧客について触れましたが、売上増大のために特に力を入れて取り組みたいのは、既存顧客と見込み顧客への営業アプローチです。

　ただし見込み顧客に関してはすでにお伝えしたように、検討段階によって求めることが異なりますし、当然確度も違います。ですから、見込み顧客の育成に関してはある程度確度が高くなるまではシステムの力を借りてナーチャリングし、確度が高くなってから担当者からの営業アプローチを行うようにしていく方がより効率的に成果に繋げられます。

第 2 章

顧客情報を理解しよう

2-1 そもそも顧客情報とは

　1章では、売上を上げるには顧客情報を活用することが大切だとお伝えしましたが、そもそも顧客情報とは何を指しているのでしょうか。弊社が開催するセミナーでは、よく「顧客情報はどんな情報のことを指すと思いますか？」という質問をしますが、多くの参加者が「個人情報」や「企業情報」と答えます。もちろんそれも正解ですが、本書で取り扱う顧客情報はそれだけではありません。

　正しくは、顧客情報は大きく2つあり、個人や企業の一般的な情報のことを指す「基本情報」と、相手の行動履歴や問い合わせ内容などを指す「行動情報」とがあります。

基本情報とは

　基本情報には、個人情報と企業情報が含まれます。個人情報とは、氏名や性別、電話、住所、メールアドレス、SNSアカウントなどパーソナルな情報で、2003年に施行された個人情報保護法によって取り扱いが厳しくなっている情報です。一方企業情報とは、企業名や住所、電話番号、業種、事業内容、資本金、設立年、決算月など名刺やWebサイトに掲載されているような情報のことです。ちなみに名刺交換をした相手の所属部署や役職は、次の図のように本書では個人情報と考えています。

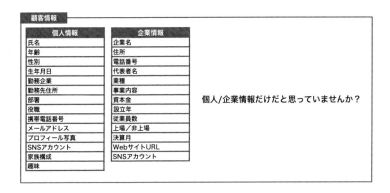

図8：個人情報だけではない顧客情報

行動情報とは

　次に、行動情報とはどのような情報でしょうか。

　行動情報とは、一般的に相手の行動に基づいたさまざまなデータのことをいい、具体的には商談情報や営業活動の記録、問い合わせ履歴、アンケート履歴、Web サイトの訪問履歴などのことです。先ほどの基本情報とは違い、相手が「何をしたか」という情報が行動情報に分類されると考えてください。

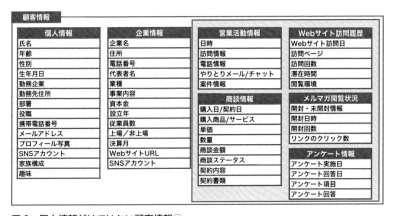

図9：個人情報だけではない顧客情報②

図は基本情報や行動情報として考えられるものをまとめたものですが、この図に含まれる情報のうち、しっかり管理できているものはどのくらいあるでしょうか。

　もしかしたら、そもそもこのような情報が顧客情報になると思っていない人もいるかもしれません。あるいは理解はしていて顧客の行動情報を収集できていても、それを社内で共有するまでに至っていないこともあります。

　よくあるのは、顧客と直接接している営業担当者が、一人で大事な顧客情報を抱えてしまっている状況です。当然のことながら、社内で共有が決められている顧客情報は共有しますが、相手の行動や、会話のやりとりなどから得られる、共有すると決められていない情報はあまり社内に共有されない傾向があります。普段弊社が接しているお客様でも、顧客の行動情報が営業担当者の頭の中か手帳の中で管理されている状態になっており、社内に共有されていない現状を嘆かれる人は多いです。

行動情報を集められると営業力に差がつく

　顧客情報には先ほど説明した2つの情報があると言いましたが、成果を出すためにより重要になってくるのが行動情報です。なぜなら営業の仕事は、誰に、どの商品を、どのように届ければいいのかを突き詰め戦略を立て、その戦略に基づいて行動していくことですが、その戦略を立てる上でターゲットとなる相手（顧客）の情報が重要になるからです。

　例えば、「Aという新商品を売る」というミッションがあったとします。これを既存顧客に対して営業する場合、あなただったらどのような方法をとるでしょうか。

　すべての既存顧客に対して一斉にアプローチするという方法もありますが、むやみに営業するよりも、まずは興味のありそうな相手に対してアプローチした方が効率的です。

　仮に、新商品Aは過去に商品Bを購入した人から関心があるだろうと思われる場合は、過去にBを購入したことのある人を営業リストに加え、メルマガなどを通じて新商品Aに関するお知らせをします。

　その際、一方的にメールを送るだけでなく、メール文面の中に商品に関するリンクを挿入しておき、リンクをクリックした人たちだけに絞ってアプローチすると効率よく営業活動ができます。システムを活用すれば、誰がどのリンクをクリックしたのかが明確に分かります。「メルマガを読んだ履歴」は顧客の行動情報の一つですから、このような情報を蓄積していくことで、相手の興味関心がよく理解できるようになり、効果的なアプローチが可能になります。

　このように、行動情報は営業の可能性をより広げたり、高めたりするのに役立ちます。

　顧客情報がビジネスに役立つことはおそらくどの企業も理解していると

思いますが、自ら積極的に顧客の行動情報を集めるための仕組みを作っている企業はそれほど多くありません。ということは、顧客情報を集める際に行動情報もしっかり収集できるようになれば、営業力をさらに強化させられるということです。

　前項では営業担当者個人だけが顧客の行動情報を把握している状態が望ましくないとお伝えしましたが、怖いのは営業担当者自身がその情報を忘れてしまったり手帳の紛失等によって、せっかく手に入れた顧客の情報がなくなってしまうことです。担当者が会社を辞めてしまったり部署を移動してしまうのも同様です。営業担当者が日々入手している情報は自社の営業力強化に効力があることを知っていただくのはもちろんですが、それを社内で共有できる環境が必要なことも同時に理解しておいてください。

2-3　顧客情報を集めるメリット

　前項では顧客情報を集めることで、自社の営業力を強化できるとお伝えしましたが、ここで改めて顧客情報を集めるメリットについて説明しておきます。顧客情報を集めるメリットは、大きく分けて3つあります。ひとつめは、商品やサービス開発に活用できること。2つ目は、品質向上や顧客満足度向上のために活用できること。3つ目は、営業やマーケティング、販促に活用できることです。

顧客情報は商品・サービス開発に使える

　自分たちがやりたいように作った商品やサービスが、リリース後すぐに売れれば良いですが、そんな風にうまくいった話はほとんど聞いたことがありません。どの企業でも、市場や顧客の分析を行い、ニーズが存在するかなどをしっかり調査してから開発するのが一般的です。

　しかしながら、商品やサービスの売れ行きがよくなく困っている企業の状況を紐解くと、開発時点でこうした調査分析が行われていないケースが多々あります。「お客様からこのような要望があったから」という一部の顧客の声や、社内のアイデアだけで開発を進めると一方的なものになるリスクがありますが、十分に蓄積された顧客の声を反映できればそのリスクを抑えられます。普段から顧客情報を集めておくことは、売れる商品・サービスを開発する上で役立つのです。

顧客満足度向上につながる

　商品・サービスの品質改善にも顧客情報を活用することができます。例

えば、日々顧客対応をしていると、顧客からクレームや要望を受けることがあると思いますが、クレームや要望も顧客情報のひとつです。

　例えば大きなクレームが発生した場合、まず目の前のクレームを迅速に解決することを優先しますが、事態が収まった後に再発防止や改善策について社内で議論が行われます。

　ですが、そこまで大きなクレームではない場合はどうでしょうか。日常的に営業担当者やカスタマーセンター等の担当者が聞く小さな要望やクレームであれば、わざわざ社内で議論されません。

　おそらく、その要望やクレームを受け付けた担当者が各自で対処して終わってしまっているのではないでしょうか。仮にその事実や結果をチーム内で共有されることがあったとしても、小さな要望やクレーム程度なら、わざわざデータとして記録し社内に蓄積することはありません。

　筆者は以前、カスタマーセンターに寄せられる小さなクレームが一定数以上超えたらアラートを出すというシステムの開発に従事していたことがあります。大きなクレームが発生する前に危険な傾向を察知できるようにしたことで、製品の品質改善に大きく貢献したシステムです。これは普段から寄せられる顧客からの要望やクレームを製品に活かそうという考えで実現したものですが、仮に顧客からの小さなクレームを蓄積する仕組みがなかったとしたら、それぞれの担当者が各自で対応してその場をしのぐだけになります。そうなれば、根本的な原因を解消できずいずれ大きなクレームを引き起こすことになっていたことでしょう。

　この話はあくまでも顧客のクレームを品質向上に活かすというものですが、こうした積み重ねが結果的には常に良いサービスを提供できる環境作りに繋がり、ひいては顧客満足度向上に繋がることになります。

営業やマーケティング、販促に活かせる

　3つ目は、営業やマーケティング、販促に顧客情報を活かすというものです。

　例えば自社の商品のPRを効果的に行うなら、誰に向けてどのように

PRすれば良いのかを考える必要がありますが、その際に必ず行うのが顧客セグメントです。

　念のために補足しておくと、顧客セグメントとは、マーケティング等の施策を効果的にするために顧客を年齢や性別、趣向などで分類（セグメンテーション）して細分化することです。わかりやすくいうと、1000人の経営者がいるとしたら、その中から社員が20人以上いる企業の経営者だけに絞り込むといったことが顧客セグメントのイメージです。

　数打てば当たるといわんばかりに施策を行うのもいいですが、現実はそれでうまくいくほど甘くありません。だからこそ、せっかくの施策を外さないためにも、誰にどのようにアプローチすればいいのかをしっかりと考えるのです。

　ここからは弊社の話になりますが、弊社では、先日社員の発案で新しいサービスを開発しました。はじめにでお伝えしたように、弊社は普段DXコンサルティングを行っています。お客様の悩みをヒアリングし、その解決策として必要に応じたDXツールの導入サポートを行うのですが、導入後にうまく活用できないケースもあり、それを課題に感じていました。

　ツールを導入するだけでよいなら弊社の売上は上がりますが、お客様にツール導入を通して売上が上がったと実感していただくのが私たちのミッションですから、使いこなして結果を出すところまでサポートできることが必要です。そこで考えたのが、次ページ図のような教育を含んだ導入サービスです。

　さて、サービスを作ったら当然営業して売らなければなりません。では、誰に対してどのように営業すれば売れるでしょうか。この時に役に立つのが顧客の行動情報です。

　例えば「過去に〇〇について問い合わせをした人たちにアプローチしてみよう」あるいは「アンケートで〇〇と回答した人たちにアプローチすればいいのでは」というように、蓄積してきた顧客情報の中から条件で顧客を絞り込み、該当する人たちにアプローチしています。ただしこうしたことが実行できるのは、すでに顧客の行動情報が蓄積されているからです。

図10：作ったサービスのチラシ

　もしも基本情報しか持っていないとしたら、相手がどのような悩みを抱えているのか、どのような情報を探しているのかを一切把握していないことになりますから、手当たり次第にアプローチするしか方法がありません。

　セグメントできるような顧客情報があるのとないのとでは、営業効率が全く違ってくることがお分かりいただけると思います。

2-4 顧客情報はどのように集めるのか

　顧客情報を集め活用することの大切さについてお伝えしてきましたが、そもそも自社に十分な顧客情報がない企業もあると思います。あるいは、過去に名刺交換した相手の情報（基本情報）はあるけれど、顧客の行動情報はない場合もあるでしょう。そのような場合は、どのような情報をどのように集めていけばいいでしょうか。

　どのような場合でも言えることは、まずは深く考えずにとにかく顧客に関する情報を集めてくださいということです。顧客情報を活用しようと思ったら、当然ですが活用するための情報がなくてはいけません。本来であれば、何に活用したいかを考えてからどんな情報を集めるかを考え、その上で情報を収集していく仕組みを用意するという順序がベストですが、顧客情報を活用したことがないという場合は、とにかくまずは集めることを優先してください。

　一般的に顧客情報の集め方に関しては、情報が定量的か定性的かで収集方法を変えましょうと言われます。どういうことかというと、例えば定量的データに含まれる情報には、個人名や企業名、あるいは来店日、購入日、購買回数などがあります。一方定性的データは、顧客の意見や感想などです。しかし本書では、顧客情報の収集方法について“集める場所”別に考えていきたいと思います。その理由は、定量的なデータも定性的なデータも一度に収集できるケースがありますから、あえてそこを分ける必要がないと考えるからです。

リアルで集める

　リアルで顧客情報を集める場合は、BtoB ならまず名刺交換時がありま

す。展示会での名刺交換にしろセミナーでの名刺交換にしろ、相手の情報が収集できる機会です。仮に展示会であれば、多くの場合特定テーマに関心のある人たちが集まりますから、それがある意味セグメントになっています。展示会で話した相手に名刺交換だけでなくアンケートまで依頼できれば、その回答も立派な顧客情報となります。

それから忘れてはいけないのは、営業担当者が顧客と接した上で収集できた情報の存在です。これらはすでに触れましたが、営業担当者が得る顧客のさまざまな情報も顧客情報の一部ですから、それらも忘れずに集約するようにしておきます。

オンラインで集める

リアルで集めるよりも、比較的確度の高い顧客情報が集まりやすいのがオンラインです。オンラインで顧客情報を集める方法としては、主にWebサイトや自社が管理するSNS、Web広告等を使って収集する方法があります。また、商談やセミナーをオンラインでも行っている場合は、それらもまた顧客情報を収集できる機会となります。

自社運営のWebサイトやSNSを通じて顧客情報を収集する場合は、問い合わせフォームや資料請求ページ、あるいはチャット、ダイレクトメッセージ等が活用できます。

これらの中でも顧客情報を集めやすい場所としておすすめなのが、問い合わせフォームです。

ただ問い合わせフォームといっても、実際に名前や企業名、メールアドレスあるいは問い合わせ内容しか項目のないシンプルな問い合わせフォームでは、収集できる顧客情報は基本情報のみです。基本情報では顧客の属性しか明らかにできないため、相手が何を求めているのかがわかりません。

顧客の解像度を上げ、相手がどのような人なのかを知るための情報を入手するには、同じ問い合わせフォームでも詳細な項目を用意するなどの工夫が必要です。

例えばこちらのフォームは、弊社が改善したある BtoB 企業の問い合わせフォームです。

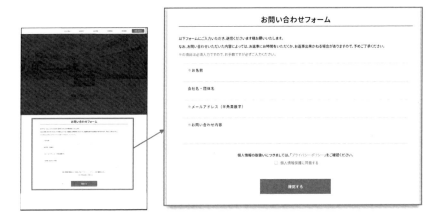

図11：改善前のお問い合わせフォーム

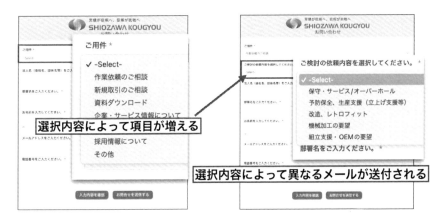

図12：お問い合わせフォームの改善ポイント

上は改善前のフォームで、下は改善後です。

改善で行ったことは、問い合わせ内容を詳細に答えていただくような項目を設定し、さらにその選択内容によって異なるメールを自動返信で送付するようにしたことです。自動返信メールに添付しているアンケートに回

答していただくことで、詳細な要望を事前に把握するという仕組みを作りました。

　改善前のフォームでは基本情報だけしか収集できませんし、自由記述式の問い合わせ項目だけにしてしまうことで、回答の内容にばらつきが出てしまいます。しっかりと要望を書いてくれる人もいれば、○○について教えてください。というような簡単な記載しかしてくれない人もいるということです。

　問い合わせがある以上は、明らかに返信が不要だと判断できるもの以外は基本的に返信しなければなりませんが、「○○について知りたい」という内容だけでは、実際の受注に繋がるかどうかの確度がさっぱりわかりません。要望をヒアリングするにも時間がかかりますから、営業担当者の負担になります。

　単なるフォームの改善と思われるかもしれませんが、フォーム次第で従来よりも多くの顧客情報を収集できるだけでなく、事前のヒアリングにより顧客の確度がある程度見極められるので、営業担当者の負担軽減も可能になることを知ってください。しかもフォームの改善は、比較的省コストででき、かつ時間もかからないのでおすすめです。

Web サイトに訪問している顧客の情報を収集する

　Web サイトへの訪問したユーザーを知る手段としては、Google アナリティクス（GA4）のような解析ツールがありますが、これらのツールよりもより詳細な顧客情報を取得することが可能なツールもあります。

　Google アナリティクスのようなツールでは、どのページにどのくらいの人が訪れたかを見ることができますが、どこの誰が、どのような動きをしたかという一人ひとりの行動情報までを追いかけて計測することができません（厳密にいえば、不可能ではないのですがかなり時間も手間もかかるので現実的ではありません）。

　しかし、システム次第では次の図のように個人がどのような動きをしたのかという詳細情報まで計測することが可能です。

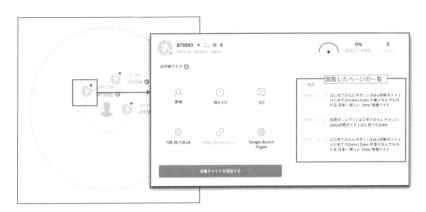

図13：個人単位でサイト閲覧状況が見える

　上の図は、弊社のホームページのリアルタイムのアクセス状況を可視化
したものです。

　表示されているユーザーをクリックすると、何時何分にどのページに訪
問し、ページを閲覧した順番まで記録されます。

　このユーザーが誰なのかを特定したい時は、Cookie（クッキー）を利用
することさえできれば次の図のように、人物を特定することも可能です。

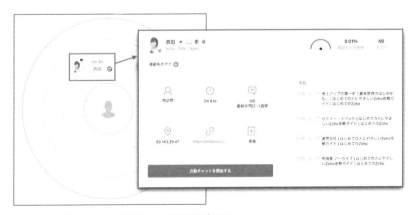

図14：名寄せで個人を特定した閲覧状況が見える

弊社も Google の解析ツールを活用していますが、あくまでもサイトの解析を目的とし、訪問ユーザーや顧客のことを紐解くためには、このようなシステムを活用しています。

メルマガの購読状況が詳細にわかる

普段からメルマガを発行している企業もあると思いますが、メルマガの開封状況等の解析も先ほどの Web サイトの訪問状況のように詳細に行うことができます。

下の図は、現在、弊社と Web コンサルティング会社の株式会社 PROPO が共同で配信しているメルマガですが、図のように本文中の URL をどのくらいの読者がクリックしてくれたかを測定できます。

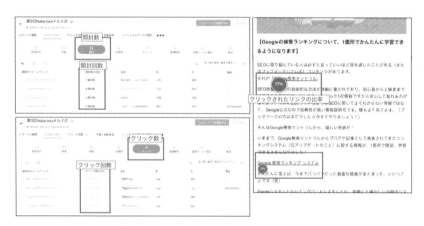

図15：メール閲覧状況

このようなことを行うためには、あらかじめこれが可能になるシステムを選ぶ必要がありますが、このように読者がメルマガを開封した後、どのような行動をとったのかを追いかけることができます。例えば、メルマガの本文中に入れた自社サイトの URL を読者がクリックしたとしたら、その後の自社サイト上での動きも収集していくことが可能です。

　ここで、メルマガを読んだのかあるいは自社サイトのどのページを閲覧したのかという断片的な情報が、一体どんな風に営業に活かせるのかと感じるかもしれません。確かに一部分だけを切り取ってしまうと役に立たない情報に思えますが、このような小さな情報を蓄積させていくことで、断片的な情報が相手の熱量を推測できる情報に変わる可能性があるのです。

ハイブリッド型で集める

　リアルとオンラインを組み合わせたハイブリッド型で顧客情報を収集することも可能です。

　この方法は弊社がよく行いますが、開催したセミナーの中で参加者にその場でアンケート等に回答していただき、顧客情報をその場で収集するという方法です。

　名前を含めた項目に回答していただくことさえできれば、参加者の名前を明らかにした状態で情報を収集できます。名前を明らかにしておくことが大事なのは、セミナー後等に自社サイト等に訪問してくれた場合に、その記録が名前と自動的に紐付く仕組みが作れるからです。

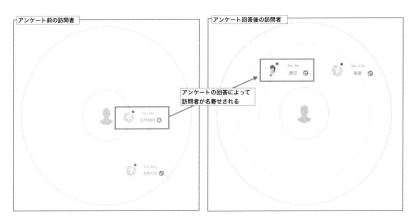

図16：アンケートによる名寄せ後の訪問者

顧客情報を集める仕組みを導入し、売上もアップ

　ここまで、顧客情報を収集する方法をお伝えしてきましたが、そもそも顧客情報を収集する仕掛けや仕組みがない場合はどうすればいいでしょうか。その答えとしては、ないなら作るしかありません。

　こちらはBtoBではなくBtoCの事例になりますが、ケーキショップの売上アップのためにオンライン予約サービスを新たに立ち上げ、Webサイトからホールケーキのオーダー注文ができる仕組みを導入したことで、売上を上げつつ顧客情報を集めることを可能にしたという例があります。

　一般的にいうと、ホールケーキを購入しようと思ったら、ケーキショップの店頭へ行くか電話をしてケーキを予約しなければなりません。しかし、そうした予約注文を受けているとスタッフもそれに対応しなければなりませんし、予約注文の受付時に得られた顧客情報は、紙のメモ等に記載するだけで電子データになっていないため顧客情報として活用することは難しくなります。しかし、お客様にオンライン予約サービスを通じてオーダーケーキを注文してもらえれば、その問題は解決します。

　この仕組みでは、予約時に購入者氏名、メールアドレス、住所、電話番号、誕生日などの基本情報の他に、注文内容や送り相手の情報などより詳細な情報が収集できるようになります。

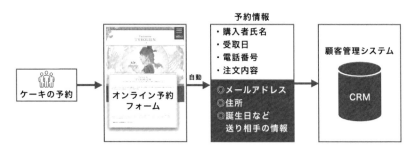

図17：オンライン予約による顧客情報の取得

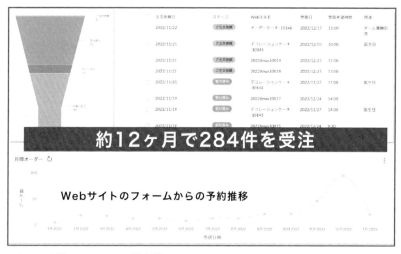

図18：予約フォームでの受注件数

2-5 集めた顧客情報を管理する方法

　さて、顧客情報を集めていくとぶつかる問題は、管理しきれなくなるという問題です。

　それまで顧客情報を集めるという意識がそれほどなかった会社の場合だと、急に管理しないといけない情報が増えてしまい、「管理が大変すぎます」など現場からネガティブな反応が出てきてしまうこともあります。

　新しいことを始めれば当然しなければならないことが増えますが、とはいえ管理が大変すぎれば続けること自体難しくなります。いくら顧客情報が重要だといっても、管理が大変だと、時間が経つにつれその仕事が苦痛になり、いずれやらなくなってしまうからです。

　現在、あなたの会社では名刺管理や顧客管理をどのように行っていますか。

　名刺はフォルダで管理している、エクセルで管理している、あるいは名刺管理ツールを利用しているなどさまざまあるかと思います。

　エクセルでの顧客管理はいまだに根強く残っている企業が多いですが、エクセルでは平面的な管理しかできず、顧客データを分析しさらに活用しようとした場合に使いづらいのが現実です。そこで最近増えてきているのは、CRMという営業管理システムを導入して顧客情報を管理する方法です。

第 3 章

顧客管理システム CRM を理解しよう

3-1 顧客管理システムCRM とは

CRM は顧客の情報を入れておくデータベース

前章では、CRM という顧客管理システムを導入している企業が増えているという話をしました。次にこの章では、CRM とはどんなシステムなのか。中小企業にとって、どのように役に立つのかについて説明していきます。

顧客管理システム（CRM）とは、Customer Relationship Management の略で、顧客との関係を管理するためのシステムのことをいいます。ただ、突然「顧客との関係を管理するためのシステム」と言われてもピンときません。ですからここでは、**CRM ＝顧客に紐づくあらゆる情報を貯めておくデータベース**のことだと理解していただくのがわかりやすいと思い

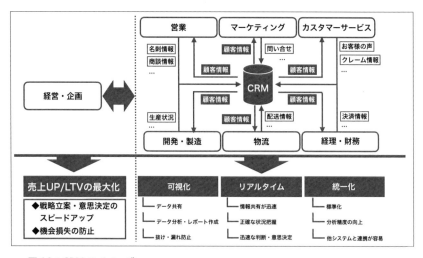

図19：CRM のイメージ

48

ます。多くの中小企業では、営業部やカスタマーサポート部、経理部などの部署がそれぞれ独自の方法で顧客情報を管理していますが、それらをCRMの中に集約すると、どの部署からでもアクセスできるようになります。

　顧客情報が集約できるCRMの特徴としては大きく3つあります。その3つとは、「情報が可視化できる」「リアルタイムの情報を確認できる」「情報の統一化ができる」というものです。

「情報が可視化できる」

　CRMの特徴の1つとして、情報の可視化があります。

　どのような情報が可視化できるかというと、例えば日常的に使われることであれば、商談情報や顧客からの問い合わせ、クレーム、支払い状況などです。

　CRMを活用すると、先ほどの可視化された情報は、すべての部署からアクセスできるようになります。従来、時間がかかっていた部署間・担当者間の情報共有がスムーズに行え、かつ経営層からも社内全体の状況をリアルタイムで把握できるようになります。

　実際、部署間の情報共有は、上司の承認を必要とするなど面倒な手続きを踏まないといけない場合も少なくありません。例えば、取引先Aの商談の進捗状況や過去の取引情報を知りたい時、その情報を所有しているのが他部署であれば、他部署の担当者に依頼しなければその情報を入手することができないのです。もしも依頼書を作成し上司の承認を得なければならないとしたら、かなりの時間がかかります。急速に変化する現代において、いつまでもそのようなことをしていたら、あっという間に競合に抜かれてしまいます。CRMは、そうした社内の情報共有に関する問題点を一挙に解消してくれるのです。

「リアルタイムの情報を確認できる」

　次の特徴は、リアルタイムの情報を確認できることです。

　CRM は、誰かが顧客情報を更新すると、その情報は即時反映されます。例えば、カスタマーセンターで受けた顧客からの問い合わせやクレームを、CRM 内にある顧客情報に反映させれば、その顧客の担当者に更新されたという通知がすぐに届きます。担当者は、担当顧客の情報をリアルタイムで受け取ることができるので、必要に応じて手厚いフォローが可能になり、小さな機会損失を見逃さなくなります。

　他にも、情報が一元管理されることで、リアルタイムの売上状況を把握したり、前年度との比較などの分析も時間をかけずに行えます。管理職や経営層にとっては、会社の戦略立案や意思決定のためにその都度組織全体の状況を把握したいと考えますが、多忙な部下にその都度分析レポートや報告書の作成を指示しなくても、ダッシュボードからすぐに確認できます。社員だけでなく、経営者にとっても、より正確なデータに基づいた迅速な判断ができるようになるのです。

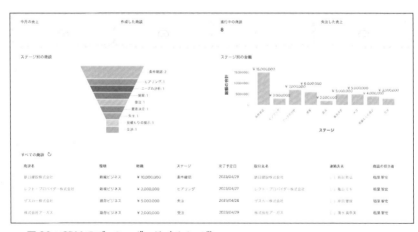

図 20：CRM のダッシュボード（イメージ）

「情報の統一化ができる」

３つめの特徴は、情報の統一化ができることです。

CRMで顧客情報の管理を行うと、同じフォーマットで顧客情報が入力されるようになるので、データのバラツキがなくなります。例えば、「お客様の生年月日を記録する」という指示だけがあったとすると、ある人は西暦で記録し、別の人は和暦で記録するといったバラツキが起こります。こうしたデータのバラツキは、あらかじめルールを設け浸透させることで防げますが、なかなかそれに従わない人がいるのも事実です。

でも、システムに入力する際にすでにフォーマットが定められていて、それに従って入力しなければならないとなれば、必ず同じフォーマットでデータが蓄積されることになります。

情報が統一化されていると、分析スピードも上がります。一般的にはデータクレンジングといって、分析するためにバラバラに入力された情報を統一化する作業を必要とすることが多いのですが、このような作業が不要になるためその分の工数が削減できます。

これら３つのCRMの特徴は、経営者の戦略立案や意思決定のスピードを上げ、現場の機会損失防止に繋がります。CRMは、これからの時代において売上アップや顧客のLVTの最大化を図るには、企業にとって欠かせないシステムの一つなのです。

3-2 CRM でできること

　前項では CRM の３つの特徴についてお伝えしました。次にここでは、より具体的に CRM で実現できることについて説明していきます。

　現在 CRM は、さまざまなサービスが登場しており、それぞれに異なる機能がついているため一概には言えませんが、ここでは、代表的な３つを取り上げることにします。その３つとは、「顧客情報管理」「商談管理」「業務効率化」です。

顧客情報管理

　今、顧客情報を管理できるツールはたくさんあります。

　代表的なところでいえば、名刺管理システムや販売管理システムなどがありますが、この２つのシステムの中に同じ顧客が存在している場合、２つのシステムを照合し１人の顧客に関する情報を取り出すのはとても大変です。

　また、会社に顧客管理のためのデータベースがあったとしても、会社のパソコンからしかアクセスできないために、一旦メモした後、会社に戻ってから入力するという場合もあります。あるいは、入力しておきたいけれど項目が少なく、自分で作成した Excel の顧客管理データと併用しているということもあるかもしれません。

　たった今挙げた内容は、無駄が多く非効率に思えますが、このような状況になっている中小企業は決して少なくありません。

　CRM で顧客情報を管理すると、顧客に紐づくあらゆる情報が一元管理されるだけでなく、いつでも誰でもその情報にアクセスできるようになります（もちろん、アクセスを制限することも可能です）。デバイスに関係

なく、会社の外にいても CRM の情報にアクセスできるので、外出先で顧客情報を確認したり、更新したりすることができるようになります。

　これができれば、先ほど挙げたような、メモを書き写すといった非効率な作業からは少なくとも解放されるはずです。また、CRM があることで異動や退社の際の引き継ぎもスムーズになります。

　次の図は、Zoho というサービスの CRM 管理画面です。

　一見すると、一般的なアドレス帳のように見えますが、管理画面の上にあるタブを切り替えると、それぞれのタブの内容に応じた情報を可視化できるようになっています。

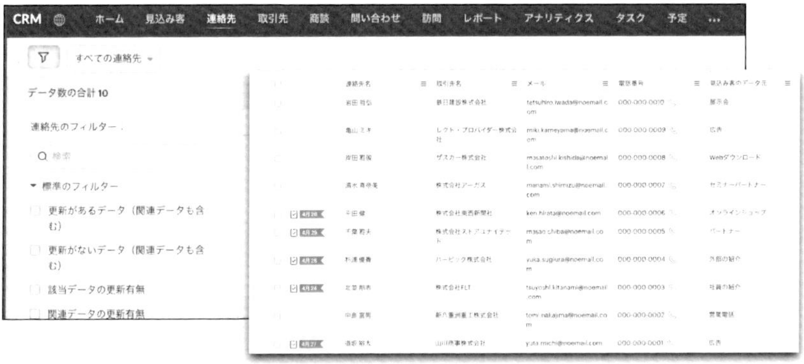

図 21：CRM の管理画面の様子

　CRM に入れた顧客情報は、「顧客全体」と「セグメントした顧客」という主に 2 つの視点で、管理したり可視化したりすることができます。

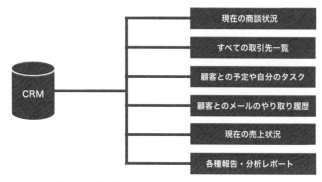

図22：CRM は顧客全体の情報を可視化できる

　例えば、社内の商談の進捗状況の全体把握をしたい場合は、CRM に集約されている顧客情報の中から「商談中」の顧客だけを区分（以降、セグメント）して、表示させることができます。

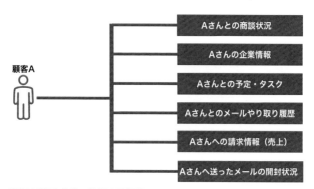

図22：CRM は顧客全体の情報を可視化できる

　例えば「商談中」の顧客だけをセグメントし、全体の状況を把握した後に、個別に顧客情報を確認したい場合は、その顧客だけの情報を表示させることも可能です。

商談管理

　CRM 上では、商談管理も可能です。

　ほとんどの企業において日々商談管理を行っていると思いますが、商談管理は決まったルールなどを設けない限り属人的になりやすく、そのことがミスやトラブルを招く原因になったりします。そうした属人化によるミスやトラブルを防ぐためにも、CRM は非常に役立ちます。

　CRM 上で管理できる商談情報には、先ほど説明してきたような顧客情報のほかに、現在の商談情報と過去の商談情報があります。現在の商談情報には、商談中の商品名、数、種類、進捗状況、受注確度、受注予定日などが該当します。また、現在の商談に対して、担当者がどのような行動を取っているか（コンタクト履歴）も商談情報に含まれます。また、過去の商談情報には、過去受注した商談だけではなく、失注した商談や、発生したトラブルについての情報が含まれます。

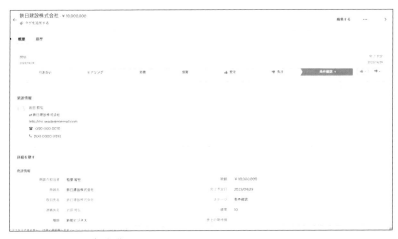

図24：商談状況が可視化できる

　CRM で商談管理を行う場合は、顧客との約束などをアラートで事前に知らせてくれる機能もあります。自分の頭だけで覚えているとつい忘れてしまうこともありますが、このような機能があることで忘れ防止になりま

すし、チーム内でフォローし合うこともできます。

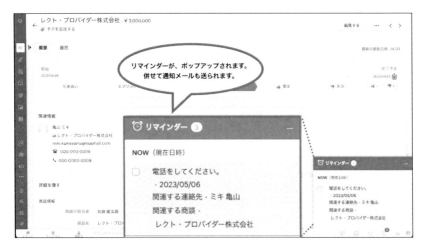

図24：商談状況が可視化できる

　チームリーダーや管理職であれば、各商談の進捗状況が把握しやすくなりますから、難航していそうな商談のフォローもしやすくなるはずです。

業務効率化

　管理の大変な顧客情報や商談情報を CRM で一元管理すれば、業務の効率化ができ、営業生産性の向上も期待できます。

　CRM を活用することで担当者や部署間を超えた情報共有がスムーズになることはすでにお伝えしましたが、それだけでなく、報告や分析レポートの作成も効率的に作成できるようになります。

　例えば、経営層や管理職が求めている売上レポートや全体の商談状況などは、毎回部下に作成させている企業も少なくないと思います。しかしながら、報告書やレポートの作成には一定の時間がかかるものです。管理されている顧客情報が統一化されていなければ、分析するためのデータづくりに余計な時間もかかってしまいます。

　ただでさえ多忙を極める部下に指示を出すのも気が引けますし、指示を受けた部下の方も、日々の業務で手一杯のところに仕事が増えるので、いい気分にはなりません。

　その点、Zoho CRM の場合にはよく使われる報告書や分析レポートをすぐに作成できるようにあらかじめテンプレートが設定されています。ですからそれらを土台として自社用にカスタマイズすれば、作りたいレポートを短時間で作成できます。ダッシュボードでも、リアルタイムの情報が確認できるので、わざわざ部下に指示をする必要がなく、自分で確認することができます。

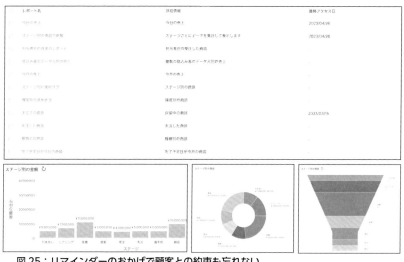

図 25：リマインダーのおかげで顧客との約束も忘れない

中小企業が CRM を活用するメリット

CRM は雇用するより現実的でリスクも少ない

　1章で、中小企業の多くは人材不足という課題を常に抱えているという話をしましたが、この先、人材不足が解消されることはほとんど期待できません。より売上を増やそうとした場合、従来なら雇用を増やして対応するのが一般的だったと思います。しかしそもそも人材を獲得すること自体が困難なのです。

　せっかく雇用しても、その人が確実に定着してくれる保証はどこにもありません。となれば、少々厳しい言い方になるかもしれませんが、CRMを活用し、これまで人が行ってきた業務をできる限りシステムで完結する方が、現場の生産効率が上がり社員もコア業務に集中することができます。

　要するに、雇用を増やして売上を上げようとするよりも、今の環境の中でいかに生産性を向上させ、売上を上げるかを考える方が、現代には適しているということです。

　人材が不足しがちな中小企業の営業担当者は、常時顧客対応で忙しくしています。例えば Web サイトからのお問い合わせを取り上げると、日々Web サイトに入ってくる問い合わせは、商談確度の高いものから営業メールなどさまざまです。単なる営業メールはともかく、見込み客になりそうな問い合わせメールに関しては、1件1件担当者が対応し、その内容を確認していかなければなりません。これらの確認は、通常の業務と並行して行っていかなければならないため、負担に感じている担当者も少なくありません。場合によっては、この業務を経営者が行っている企業もあります。

　Webサイトに問い合わせが来る状態はいいことですが、とはいえすべての問い合わせに対し全力で対応していたら時間がいくらあっても足りません。仮に経営者が問い合わせ対応を行っていたとしたら、この業務の負担を少しでもラクにしたくなるのではないでしょうか。

　実際に弊社がCRMの導入サポートをした事例では、CRMを導入しそれに合わせて業務フローの改善を多少行うことで、今挙げたような状態を解消することができています。

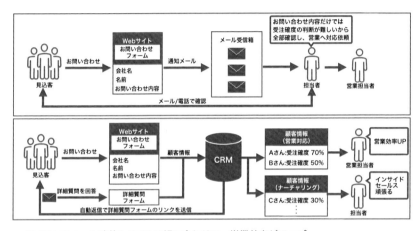

図27：フォーム改善とCRMの組み合わせで、営業効率がアップ

　図のように、CRMの導入前は確度がバラバラの問い合わせに対し、すべて同じ対応をしなければならず非効率でした。問い合わせを受ける担当者では確度の判断ができないため、営業担当者に情報を渡さなければなりません。営業担当者も別の顧客対応等があるため即対応することができず、お客様を待たせてしまうこともありました。

　CRMを導入することで、問い合わせフォームに入った顧客の情報は、CRMに蓄積され、問い合わせ内容によって点数化することで、問い合わせの確度をある程度判断することが可能になりました。確度の高い見込み顧客は営業に通知がいくので、できるだけ迅速に営業が対応しますが、確度の低い見込み顧客は営業へ情報を回さず、ナーチャリングリストに入

れ、顧客の育成を開始します。

　この場合は、CRM の導入だけでなく Web サイトのフォーム改善も同時に行っていますが、このような仕組みを用意するだけでも、普段億劫に感じていたことが解消されます。解消されることで空いた時間は、メールマーケティングやインサイドセールス（非対面で行う営業活動）などに充てられるようになるのです。

　CRM の導入は、中小企業にとって営業効率が向上するだけでなく、顧客の確度に合わせた適切な対応を取ることが可能になることで、機会損失を防ぎ、売上増加にも効果をもたらしてくれるのです。

　中小企業にとって、雇用するよりもリスクが少なく、かつ営業効率や生産性が向上する環境づくりのきっかけになるのが CRM になると考えてください。

営業効率向上には、顧客の識別が必須になる

　中小企業にとって、営業効率の向上は急務の課題です。

　人材不足という課題は解消されませんし、1 章でもお伝えしたように、顧客との接点が増えています。コロナ前後を機に「インサイドセールス」が注目されるようになりましたが、そもそもインサイドセールス部隊がいない企業の方が多いのではないかと思います。

　となると、やはり今いる人材でなんとかしなければならないという答えにしかなりません。だからこそ、顧客の識別が大切になってくるのです。

　ここでいう顧客の識別とは、自社に貢献してくれる顧客は誰なのかをしっかりと見極めることだと考えてください。

　新規顧客獲得のための営業であれば、問い合わせをしてくれている見込み顧客の確度を見極めることが大事になりますし、既存顧客への営業なら、既存顧客のうち誰が継続してリピートしてくれているかを識別することが大事になります。

　既存顧客については、全体の数値の 8 割は全体の構成要素の 2 割によって作られるというパレートの法則に則って考えると、売上の 8 割を 2

割の顧客が作り出していると考えられます。となると、その2割の顧客は一体誰なのかを特定し、丁寧なフォローをしていくことが大切だと思いませんか。

　よく、「お客様は神様」と言われていますが、だからといって全員に対し同じ熱量で対応することは現実的に不可能です。そればかりか、場合によっては相手も「ただ単に、大まかな予算感だけが知りたいだけ」というように、そこまで熱心な対応を求めていない場合もあります。

　このように考えると、中小企業が売上増加のために営業においてすべきことは、顧客の状態をより正確に把握し、誰に対しどのようなアプローチをすべきかを見極めることだと言えます。だからこそ、顧客情報はCRMのような場所に集約し、必要に応じ、いつでも分析しやすい状態にしておくことが大事なのです。

3-4 CRMの顧客情報を活用して 「攻め」の営業を効率的に行う

メールが一番効果的

　顧客の識別をするには、実際に顧客と接触し反応を確かめていくしかありません。

　でも、一人ひとりの顧客に対応することは不可能ですから、メールを活用してアプローチすることを推奨します。メールというとどこか古臭い施策と感じるかもしれませんが、メールの配信環境さえ整っていれば、比較的コストをかけずに簡単に始められます。

　特にBtoBの場合は、基本的に毎日業務を通じてメールを使用するので顧客に確実に届きますし、今も昔も有効な営業施策です。

　営業施策には「攻め」と「守り」という考え方があります。攻めの営業が1件でも顧客の数を増やすことだとしたら、守りの営業は今の顧客を失わないようにすることです。攻めも守りもどちらも大切ですが、売上を増加させるなら攻めの施策が必要になります。この攻めの施策こそが、先ほどのメールなのです。

　メールは、電話営業や訪問営業とは違い、「攻め」の要素がある割に顧客と適切な距離を保てることが優れています。開封するかしないかも相手の都合で判断できますし、メールを読む時間も相手次第です。電話や訪問による営業は、相手の時間を奪うため相手から嫌われてしまう可能性があります。でもメールであれば、1日に何通も送るなど余程のことがない限り嫌われることがありません。

たった一通のメールが売上をつくる

　ここで、たった1通のメールを送ったことで、高額商品を複数件成約できた事例を紹介します。

　ある広告代理店では、既存の顧客に対し新規商品を紹介するメールを送ったところ、5件の申込を獲得することができました。この会社では、それまでこのようなメールでの営業アプローチはあまり行ってきていませんでした。抱えていた既存顧客件数は約3000件もありましたが、その3000件が活用されず顧客リストとして蓄積されているだけだったのです。

　この会社で行ったメールでのアプローチの結果は5件の申し込みですが、それまではこの5件の申し込みを獲得するために必死で営業努力を行ってきていたのです。

　でも、このようにたった1通のメールを送るだけで成約できたのだとしたら……。その可能性を無視する理由はないはずです。

交換しただけの名刺も、活用次第で顧客化できる

　多くの会社で活用されていない顧客情報の代表的なものに「名刺」があります。

　営業は職業柄、名刺交換の機会がたくさんありますが、あなたの会社では交換した後の名刺はどのように管理もしくは活用しているでしょうか。名刺管理ソフトを使い、名刺をスキャンしてデジタルデータにし、リストとして管理する人もいれば、そもそも管理しようとは考えず、机の上に山積みにしている人もいるかもしれません。

　言わずもがな、名刺を交換した相手の情報は会社にとって資産となる情報です。でも残念ながら名刺管理ソフトの中で交換した相手の情報が貯められているだけで活用されなければ、資産にはなりません。

　「そんなことは、わかりきったことだ」と言いたくなるでしょうが、事実、名刺の情報が資産として活用されず眠ったままになっている会社は少なくありません。もしかしたら、活用しきれていないのではなく、「ただ

単に名刺を交換しただけの相手なのだから、特にアプローチする必要がないのでは？」と、そもそも名刺の価値に気付いていない人もいらっしゃるかもしれません。名刺の価値に疑問を抱いている人にお伝えしたいのは、名刺交換の相手が顧客になる確率は当然ながら100％ではありませんが、0％でもないということです。相手に対するアプローチの方法とタイミング次第では、名刺交換した相手はどんな相手であっても十分顧客になる可能性を秘めています。

　ここで、具体的な名刺の活用事例として展示会出店後の営業アプローチを例えにしてみましょう。展示会に出展すると、ブースを訪れた複数の企業と名刺交換を行うことになります。その際に受け取った名刺は、その後どのように活用できるでしょうか。

　展示会で名刺交換した相手は、その時点ではただ名刺を交換しただけの相手です。ですから、見込み客あるいは顧客となってもらえるように営業アプローチを行っていかなければなりません。そこで、展示会で興味関心を持ってくれたことに対して感謝する「お礼メール」を送信します。その際、メールの本文中に自社の概要や実績が掲載された資料を無料ダウンロードできますとURLを記載しておくと、興味関心のある人はそのURLをクリックしてくれます。

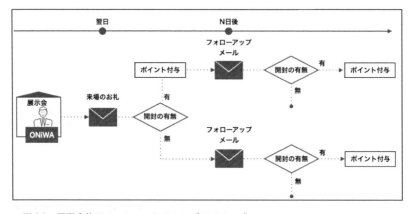

図28：展示会後のメールマーケティングのイメージ

　名刺交換した相手が全員 URL をクリックしてくれるかはわかりませんが、そのうちの数％でもクリックし、資料をダウンロードした人がいれば、その人たちは少なくとも自社に興味を持っている人たちであると考えることができます。

　その次に行うのは、興味を持っていると思われる人たちへ、具体的なサービスの紹介や相手に役立つ情報などを送ってコミュニケーションを図り、見込み客・顧客となってもらうという施策です。

　あくまでこれは展示会出展後に行う営業アプローチの一例ですが、名刺をただの紙にしてしまっていたら、このような展開にはなりません。でも、名刺交換によって獲得した情報を先ほどのように活用すれば、商談に結びつく企業が出てくるかもしれません。その商談が成立すれば、売上へと繋げていけます。たった１枚の名刺が、もしかしたら大きな売上をもたらす可能性があるかもしれないということを忘れないようにしてください。

　名刺以外にも、ほったらかしになっている名簿やリストは他にあります。例えば、セミナーの参加者名簿も顧客情報のひとつです。

　セミナーはある企画テーマに基づいて人が集まりますから、その時点で相手がどのようなことに興味関心があるのかはある程度予測できます。ですから、積極的にメールマガジンを発行して繋がりの強化を図ることをおすすめします。

　「今は特別売りたいものもないし……」

　「セミナーのテーマと売りたい商品は違う分野だし……」

　と思い込み、こちらから勝手に接触を絶ってはいけません。どんな情報が相手の役に立つのかは、実際に接触してみて反応を確かめていくことで明らかになっていくものだからです。

　自社の事業や扱っている商品・サービスと無関係に思える人との名刺交換も、勝手に判断せずに顧客情報として蓄積し、迷惑ならない程度に情報は発信していきます。名刺交換した相手の先にどのような人がいるのかは誰にもわからないからです。

メールマーケティングの種類

　BtoB にはメールを活用した施策が効果的だと言いましたが、この方法は一般的に「メールマーケティング」と呼ばれます。メールマーケティングの種類は大きく３つあり、自社の情報を定期的に発信する「メールマガジン」、商品の受注などを目的としてシナリオを作り、段階的に情報を発信する「ステップメール」、顧客をグルーピングしてそれぞれの顧客に適した情報を発信する「セグメントメール」に分類されます。

　この３つのうち、特に行っていただきたいのは「セグメントメール」です。

　セグメントメールは、それぞれの顧客の状態に合わせて情報を送るので、施策の効果が比較的高いといわれます。

　メールマガジンであれば、自分に関心のない情報も送られてくる可能性がありますが、セグメントメールでは、自分の関心に合わせた情報が送られてくるので、顧客からの好感度もよく、反応も得られやすいのです。例えば、あるアンケート付きのメールを送り、A と回答した人には A に関する情報を送り、B と回答した人には B に関する情報を送るとイメージしていただくとわかりやすいと思います。

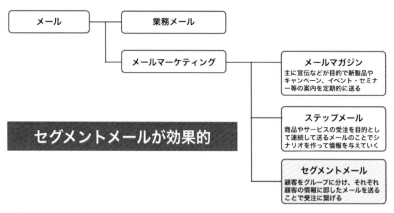

図 29：メールマーケティングとは

セグメントメールは事前にシナリオが必要

　ちなみに、それぞれの顧客に適したメールを自動的に送るには、事前にシナリオを用意しておく必要があります。通常の業務メールのように、その都度メールの文面を考えているようでは自動化させることができませんから、あらかじめ「顧客がAという行動をとったらBのメールを送る」というシナリオを考え、それに即したメールの文面を考えておかなければならないのです。

　事前の準備が必要になるので少々面倒に感じるかもしれませんが、1度用意してしまえばあとはシステムが自動化されるため、業務負担は圧倒的に軽くなります。

　ちなみにシナリオが必要なメールには、セグメントメールの他にもステップメールがあります。ステップメールもあらかじめシナリオを考え、用意したメールの文面を自動的に送り、顧客をナーチャリングしていくので、セグメントメールとよく似ています。

　しかしセグメントメールと違うのは、ステップメールはシナリオを進めるにつれ、確度の高い顧客だけを絞り込んでいくという点です。図のように、シナリオの段階が進むにつれ、顧客の数が減っていくのが一般的です。

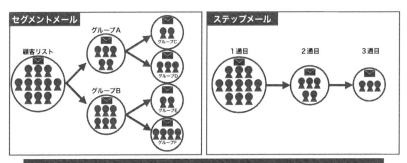

図30：ステップメールよりもセグメントメールがおすすめ

一方セグメントメールの場合は、顧客を減らすのではなく細分化してい
くという方法を取ります。ステップメールの場合とは違い、顧客を取りこ
ぼすことがなくなりますし、細分化できることで顧客の解像度を上げるこ
とが可能になります。

システムを活用すれば、自動でナーチャリングできる

　ちなみに、セグメントメールの手順を担当者が手作業で行おうとする
と、とても大変です。顧客の数が少なければ対応できますが、数十件、数
百件、それ以上の送り先がある場合は、1件ずつ確認しながらメールを送
るという作業は膨大な時間と労力が必要です。でも、このような作業はシ
ステムを活用すれば自動化できます。

　顧客の検討段階によってはナーチャリングが必要ですが、比較的確度の
低い見込み顧客に対してはセグメントメールを自動で送ることで、営業効
率は向上します。ある段階までナーチャリングができたら営業担当者が直
接フォローすればいいので、確度の高い顧客だけに集中することができる
のです。

3-5　CRM 導入の 5 つの手順

　攻めの営業としてメールを送ってくださいとお伝えしましたが、それ
を実行するには顧客情報を管理するための CRM のようなシステムが必要
になります。実際に CRM を導入するとしたら、どのような手順になるの
でしょうか。顧客管理システム等を何も使っていないと仮定した場合の、
CRM を導入する手順は次の通りです。

図 31：CRM の導入ステップ

（1）業務を整理する

　CRM を導入するにあたっては、CRM でどのような情報を管理してい
く必要があるかを把握する必要があります。ですから最初に行うことは、
自社の業務を整理していくことです。ここでは、部署内の業務だけでなく
他部署と共有すべき情報を洗い出してワークフローを作成していきます。

（2）自社に合う CRM を選定する

　次に行うのは、自社に合う CRM の選定です。先ほど整理したデータ量や項目数、将来の拡張性、CRM サービス会社の永続性、導入コストなどを考慮し選定していきます。

　ちなみに中小企業におけるシステム選びのポイントについては、次の章で説明します。

（3）CRM を導入する

　CRM の導入では、自社の業務フローを踏まえたデータ設計が必要になります。導入後は、業務の進め方をを変更することになりますから、ユーザーや部署間の調整も重要になります。導入に関しては、自社で行えなくもないですが、必要であれば選定したサービスベンダーの協力があると心強いです。

　また、業務フローを考える上で大事なことは、できるだけシステムに合わせた業務フローに変えていくことです。よくあるのは、自分達のやりたいことにシステムを合わせようとして、システムにさまざまなカスタマイズを加えようとしてしまうことです。

　少々のカスタマイズは許容範囲内ですが、カスタマイズはやればやるほど開発コストがかかります。さらに、開発時に関わった人しかその内容が理解できないというブラックボックスな状態にもなりかねません。そうなると、なんのために導入したかがわからなくなってしまいますから、過剰なカスタマイズは避けるべきです。

（4）情報を蓄積する

　CRM の導入が終わったら、実際に業務の中で CRM を活用し顧客情報を蓄積していきます。この時、顧客情報をわざわざ手入力するのでは、業務負担になりますからできる限り自動で顧客情報が CRM に入るようにし

ておくと便利です。

　実際の運用に関しては、社内でのマニュアル整備や教育などを行い「導入して終わり」にならない取り組みも大切になります。

（5）顧客情報を活用する

　蓄積した顧客情報をもとに、先ほど挙げたメールマーケティングをはじめ、さまざまな施策を考えていきましょう。CRMには分析レポートを作成する機能もありますから、積極的に活用していってください。

第 4 章

中小企業に最適な Zoho とは

中小企業はどのようなシステムを選択すべきか

システム選びにおける 5 つのポイント

　CRM のようなシステムを導入するといっても、さまざまなサービスがあります。どのサービスをとっても多機能で、魅力的です。しかし、注意すべきポイントを押さえた上で選定しないと、結局使いこなせずに導入しただけで終わってしまいます。そうならないためには、どのようなことに注意してシステムを選定すればいいでしょうか。

　中小企業が CRM をはじめとするシステム押さえておくべきところは、「運用」「サポート」「セキュリティ」「コスト」「クラウド」と 5 つあります。

（1）運用の手軽さ

　CRM を導入したあとは日常的に業務の中でシステムを使っていくことになりますから、まずは使いやすさが重要です。ユーザーが直感的に理解できるだけでなく、簡単なカスタマイズなら自分達でできるものが理想です。

　CRM などシステムの導入にはベンダーの協力が必要になると思いますが、些細な機能の追加のためにその都度ベンダーを呼んでいたら、お金も時間もかかります。もちろん不明なことがあれば聞いた方が確実ですが、極力自分達の力で運用していけることが理想です。

（2）サポートが手厚い

　運用していく中でわからないところがあった時に、きちんとサポートしてもらえる環境があるかどうかも重要です。よくあるのは、導入前にはサ

ポートがあると聞いていたのに、実際は満足なサポートをしてもらえないということです。サービスの提供者もしくはベンダーに問い合わせ、どのようなサポートが受けられるのかを事前にしっかり確認してください。

　また、サービスの提供が途中で終了するリスクを回避するためにも、永続性のある企業が提供するシステムを選ぶようにしてください。

（3）セキュリティ

　CRM には個人情報をはじめ、機密情報を含む様々な情報が蓄積されます。これらの情報が漏洩すると会社の信用を大きく失うことになりかねません。

　このためシステムを選ぶ上でセキュリティは非常に重要になります。

　物理的なシステム的セキュリティも重要ですが、併せて運用管理的なセキュリティも大切です。国際基準の ISO27000 シリーズの認証を受けているなども 1 つの指標となります。

（4）コスト

　システムを導入する上では、イニシャルコストやランニングコストが気になります。業務に必要なシステムであったとしても、可能な限り安く抑えたいというのが本音だと思います。

　中でも特に注意したいのは、ランニングコストです。仮に、高機能だけどコストも高いとなる場合には、本当にその機能が業務に必要かどうかを見極めるようにしてください。

（5）クラウド型

　システムは、オンプレミス型とクラウド型というのがあります。オンプレミス型は、企業が自社サーバーにデータを保管するというもので、クラウド型はクラウドサービス会社が提供するサーバーの中にデータを保管するものです。

　どちらがいいかについては、それぞれの会社の判断もありますが、本書はクラウド型を強くおすすめします。理由としては、クラウドは、高度な

スケーラビリティ、柔軟性が高いインフラで、メンテナンスやシステムア
ップデートなど維持管理もしてくれます。そして大きな初期投資を必要と
しないという利点があるからです。

中小企業に最適な Zoho の特徴

グローバルシステム Zoho がおすすめ

前項では、中小企業がシステムを選ぶ上での注意点を挙げましたが、それらの条件を満たしているシステムで弊社の推奨する Zoho というクラウドシステムがあります。

Zoho は、中小企業のために作られたクラウドシステムで、CRM だけでなく、文書作成や表計算などビジネスで一般的に使われるものや営業支援など、多くの業務分野に対応したサービスが 45 以上あります。

Zoho の国内での認知度はまだそれほど高くありませんが、全世界で25 万社以上が導入、7000 万人以上のユーザーを有するグローバルシステムです。グローバルでは高いシェアと知名度を持つ Zoho は、近年日本国内においても急速に普及しています。

Zohoクラウドサービス	概要
Analytics	BIツール・ビジネスレポート
Assist	リモートデスクトップ・遠隔サポート
Backstage	イベント運営・管理
Bigin	低価格・中小企業向けCRM
Bookings	ネット予約システム
Books	会計管理
Campaigns	メールに特化したマーケティングオートメーション
Checkout	オンライン決済
Cliq	ビジネスチャット
Connect	グループウェア
Contracts	電子契約作成・管理
Creator	カスタム業務アプリ作成
CRM	顧客管理・営業支援
DataPrep	データウェアーハウス（他のDBなどと連携）
Desk	ヘルプデスク・カスタマーサポート
Expence	経費申請・管理
Flow	アプリ連携・システム連携
Forms	アンケート・フォーム作成
Inventory	商品・在庫管理
Invoice	見積テンプレート・請求管理
Learn	従業員向けトレーニングプラットフォーム
Lens	スマホ・ARを活用した対話型リモートサポート
Mail	メーラー

Zohoクラウドサービス	概要
Marketing Automation	マーケティングオートメーション
Meeting	オンライン会議・Webセミナー
Notebook	メモ・ノートアプリ
PageSence	ヒートマップ
People	人事・勤怠・工数管理
Projects	タスク・プロジェクト管理
Recruit	採用管理
SalesInbox	営業担当者向けメーラー
SalesIQ	チャット型Web接客
Sheet	表計算シート作成・管理
ShowTime	プレゼンテーション作成・管理
Sign	電子署名ツール
Sites	Webサイト作成（レスポンシブ対応）
Social	SNSマーケティング
Sprints	アジャイル管理
Subscriptions	サブスクリプション、定期販売・請求管理
Survey	アンケート集計・顧客満足度調査
TeamInbox	チームコラボレーションメーラー
Vault	パスワードの管理・共有
WorkDrive	チームのファイルを安全に保存、整理、管理できます。
Writer	文書作成・管理

※上記以外にも提供サービスが随時、増えております。またスマホアプリもあります。

図32

本書の中では、CRM での顧客管理を推奨してきましたが、Zoho を使って顧客管理を行っていく場合は、Zoho CRM というサービスを使います。Zoho CRM は、Zoho が提供するサービスの中核となっており、顧客情報や商談情報管理などが一元的に行えます。さらに、Zoho の他のサービスと Zoho CRM を組み合わせることで、CRM に蓄積した情報をさまざまな場面で活用していくことができます。

　例えばこの後にも紹介しますが、顧客情報を活用してメールマーケティングを行う場合は、メールマガジンやステップメールの送信が行える機能がある Zoho Campaigns（キャンペーン）というサービスを使います。あるいは、2章で触れたお問い合わせフォームの改善などは、Zoho Forms（フォームス）というサービスを使い Zoho CRM と連携することで、お問い合わせフォームに記入された顧客情報を Zoho CRM に蓄積していくことができます。

　幅広いサービスを持つのが Zoho の特徴ですが、他にはどのような特徴があるでしょうか。

　Zoho の特徴について、前項で挙げたシステム選びのポイントに即して紹介していきます。

● 手軽に運用できる

　Zoho の管理画面は、直感的でわかりやすく簡単なカスタマイズであれば自分達で行うことが可能です。さまざまなシステムの導入後によくあるのは、導入してみたものの操作が難しいため組織に定着しないという問題です。その点 Zoho では、誰でも使いやすいため、IT がわからないという人でも安心して使え定着もしやすくなります。

● サポートがしっかりしている

　Zoho のサポートは、Zoho ジャパンのサポート窓口がある他、活用方法を学ぶための公式セミナーなど教育コンテンツも充実しています。サポートについては、Zoho パートナーと呼ばれる Zoho 販売代理店もいますから、そこからのサポートも受けることができます。

● セキュリティ面で安心できる

　Zoho のデータセンターは、物理セキュリティとしては、24 時間 365 日監視、入退室管理、所在地非公開などされています。加えて人的セキュリティやネットワークセキュリティも世界基準で行われます。また、災害などに備えてバックアップも複数サーバーで実施されており、ジオミラーリングも行われています。

　　※ ISO27001 などセキュリティ認証も取得している

● 他サービスよりもコストが安い

　Zoho は、同様の他サービスのように大々的なプロモーションを行いません。そのため安いコストで導入できるようになっています。類似サービスであれば、1 ユーザーあたり月 20 万円前後かかるところを、月 1 万円前後で導入できるようなイメージです。

● 常にアップデートされるクラウド型

　Zoho はクラウド型なので、インターネット接続があればどこからでもアクセスでき、拡張性のあるストレージと処理が提供されます。また日々、アップデートや機能の追加がなされ、最新の状態で使うことができます。最近では話題となっていた AI の実装も非常に早く対応されていました。

4-3 Zoho One という 統合パッケージがある

　先ほど、Zoho には多岐に渡りさまざまなサービスがあるとお伝えしました。Zoho CRM だけを使うこともできますが、顧客管理や営業支援という特定の分野だけでなく、マーケティングや総務・人事、会計などの他の業務にも使えるサービス「Zoho One」という統合パッケージがあります。

　Zoho One は、CRM のように顧客管理や営業支援といった特定の業務だけでなく、企業においての主な業務を網羅したパッケージです。Zoho CRM だけを契約するという単一サービスの利用もできますが、CRM に蓄積した顧客情報をさまざまな業務に活用したい場合は、こちらの統合パッケージを利用することをおすすめします。

図33

　Zoho One の一番の特徴は、低コストでほぼすべての Zoho サービスを利用できることです。

　1 ユーザー月額 4440 円（税抜）円から利用できますし、主な業務範囲

80

を網羅していることから他社のクラウドサービスで重複するような機能がある場合は、Zoho で統一することでサブスクコストを圧縮できます。

　このようなシステムに対してなかなかイメージができない場合は、実際にトライアル版で試してみるのもおすすめです。Zoho One のトライアルは、登録する際にクレジットカード登録が不要のため、自動で決済されることもなく安心して使えます。

　この後からは、Zoho One のトライアルを行う手順を説明しますので、試してみたい方は、触ってみてください。

Zoho One

無料トライアルのはじめかた

Zoho One の無料トライアル

推奨ブラウザ環境

Zoho One を動作させるためのブラウザ環境は、以下ブラウザの最新バージョンを推奨しております。

- **Google Chrome ＜おすすめ＞**
- Mozilla Firefox
- Microsoft Edge

トライアルアカウント作成

以下 QR コードを読み取り、Zoho One の登録ページを開きます。

表示されたページにて、登録情報を入力し、登録ボタンをクリックします。

無料ですぐに利用できます！

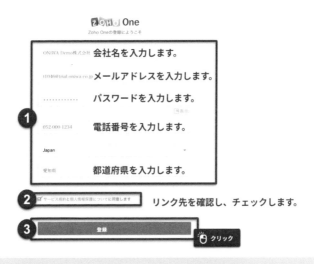

ワンポイント：どのデータセンターを利用するか。

Zoho のクラウドのアプリやデータの保管場所をデータセンターと呼びます。データ
センターはさまざまな国にあり、日本にもデータセンターがあります。

Zoho One の日本語サイトからのサインアップでは、自動的に日本のデータセンター
が選択される形になります。　日本のデータセンターを使うことで通信距離的なメ
リットがあり、早いです。ただ Zoho One の一部のアプリがまだ日本のデータセン
ターに実装されてないものがあるため、それらを使いたい場合は、アメリカのデー
タセンターを利用することで使えるようになります。判断に迷ったらゾーホージャ
パン株式会社か我々のような Zoho 認定パートナーに確認してください。

データセンターについて詳しくは、以下のゾーホージャパン株式会社からのアナウ
ンスをご参照ください。

https://www.zoho.com/jp/japan-datacenter.html

もし、使いたい Zoho アプリの関係からアメリカのデータセンターを利用したいと
いう場合は、下記の URL より Zoho One のトライアルをサインアップしてくださ
い。

アメリカのデータセンターへのサインアップコード

https://store.zoho.com/ResellerCustomerSignUp.do?id=fbce7a8d5e59ed1dac28168ec2
c77c07

設定ガイダンス

以下の画面が表示されたらトライアルアカウント作成完了です。

ガイダンスに従って設定を完了させましょう。

「営業」を選択して「続ける」をクリックします。

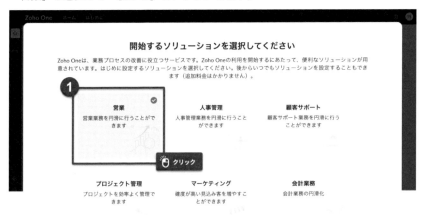

「続ける」をクリックします。

「日本」が設定されていることを確認して、「続ける」をクリックします。

以下の画面が表示されたら、次の画面が自動で表示されるまでしばらく待ちます。

以下の画面が最終画面です。「開始できます」をクリックして、設定ガイダンスを
完了します。

チュートリアル

以下のようにチュートリアルが始まりますので、「次へ」ボタンをクリックして各機能を確認します。

※ チュートリアルの右上に表示される「スキップ」リンクをクリックすると、このチュートリアルをスキップできます。

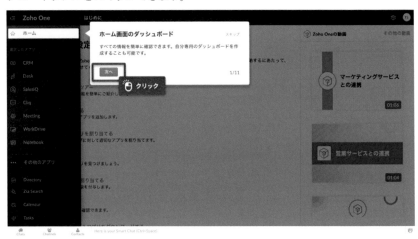

以下の画面が表示されたらチュートリアルは終了です。

メールアドレスの認証

登録したメールアドレスがご自身のメールアドレスかを確認するために、登録時の
メールアドレス宛に以下のようなメールが届きます。

文中の「アカウントの認証」ボタンをクリックします。

以下の画面が表示されますので「認証する」をクリックします。

以下の「アカウントが認証されました」というメッセージが表示されたらメールア

ドレスの認証完了です。

「アカウントにアクセス」ボタンをクリックします。

Zoho One からアプリを起動する

以下 QR コードを読み取り、再度 Zoho One のダッシュボードを表示します。

表示されたページの左側から利用したいアプリを選択して起動します。

30 日間のトライアル期間中に、さまざまなアプリを触ってみましょう

第 5 章

Zoho を使ってメールマーケティングを実践する

5-1 Zoho を使ってメールを送る方法は2つある

　4章では、Zoho や Zoho One のトライアルについて紹介しました。次にここでは、本書で推奨してきた顧客情報を活用したメールマーケティングのやり方について、実際に Zoho でどのように行うのかを説明していきます。

　顧客情報を活用して売上増大を狙う場合は、メールマーケティングがおすすめだという話をしました。メールの配信システムは、どのようなシステムを用いても構いませんが、Zoho を導入する場合は、Zoho サービスの中にある Zoho CRM もしくはメール配信システム（Zoho Campaigns）を使用していきます。これら2つのサービスの使い分けは、Zoho CRM を使う場合は、個別または数名の顧客に直接メールを送る時に使い、メールマーケティングを実施する際は Zoho Campaigns を使います。

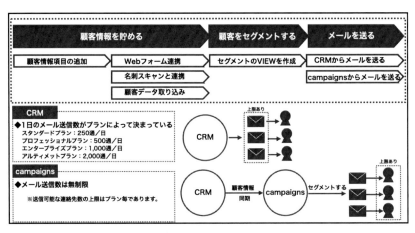

図34：Zoho からメールを送る方法は2通り

Zoho を使ってメールマーケティングを実践する

　Zoho を活用してメールマーケティングを行う場合は、左の図にあるような手順で行います。まずは Zoho CRM の中に顧客情報を取り込み、どのような顧客に対してメールアプローチを行うのかを決め、顧客をセグメントします。顧客のセグメントが終わったら、その顧客に対し適切なメールの文面を考え、Zoho CRM もしくは Zoho Campaigns からメールを配信するという流れになります。

　実際にメールを送る方法については、次のページから説明していきます。

5-2 Zoho CRM にパーソナライズするための顧客情報を貯める

パーソナライズするための顧客情報の項目を作る

　メールを送る場合は、Zoho CRM に顧客情報がないといけません。ですからここでは、まず Zoho CRM に顧客情報を取り込み、メールを送るための準備をしていきます。

　顧客情報の取り込み方法は大きく3つあります。

　1つは既存顧客のデータを取り込む方法。2つめは、Web サイトの問い合わせフォームから取り込む方法。3つめは、名刺交換等で受け取った相手の名刺を読み込む方法です。顧客情報を取り込む場合は、CRM 上で取り込む顧客情報の項目を設定し準備を整えてから、顧客情報を取り込んでいきます。

顧客データを取り込む準備をする

（1）Zoho CRM の管理画面の様子を知る

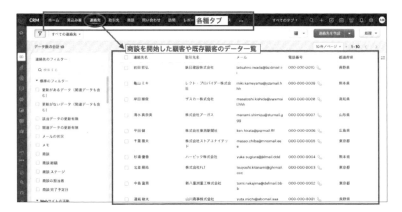

98

　最初に Zoho CRM の管理画面を確認していきます。

　Zoho CRM は、各種タブに応じて機能や入っているデータが違います。見込み客タブには、見込み客に関するデータ、取引先タブには、取引先に関するデータが入ります。すでに持っている既存顧客のデータ（Excel や CSV）を CRM に取り込むので、連絡先タブを使います。連絡先タブには、商談を開始した顧客や既存顧客の情報が入ります。

（2）連絡先詳細ページにある項目を知る

　連絡先タブをクリックすると、このように個別の顧客情報が表示されます。

　連絡先の詳細ページには、デフォルトで、姓、名、メールアドレスなど詳細な顧客データ項目が表示されます。この詳細ページに必要な情報を入力したり、自動でデータが入ったりし、顧客情報を管理します。

　詳細ページにある項目は追加、削除が可能です。例えば、セグメント分けに性別を使う場合、性別の項目を追加することができます。メールをパーソナライズすることでより成約率を上げることできるため、会社ごとで取得可能なデータ項目を追加していきます。

（３）データ項目を追加するための設定変更

それでは早速、顧客情報を追加していきます。

右上の歯車マークをクリックして設定画面を表示します。入力する顧客情報の項目（タブ）は、各自で自由に設定できるため、必要に応じて変更してください。

（４）タブ項目をカスタマイズする場合

タブ項目をカスタマイズする場合は、設定画面の「カスタマイズ」にある「タブと項目」をクリックします。

（5）連絡先から「レイアウト」を選択

　連絡先タブにある項目をカスタマイズする場合、「タブの表示名」の連絡先の右にある「・・・」にマウスオーバーします。ダイアログが表示され、「レイアウト」を選択します。

（6）「レイアウトを編集する」をクリック

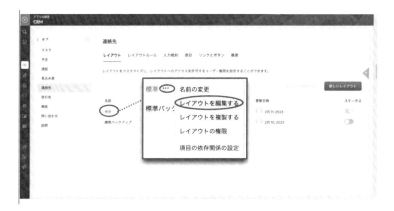

　「標準」の右に表示される「・・・」をマウスオーバーし、「レイアウトを編集する」をクリックします。※「標準」はデフォルトの項目レイアウトです。項目を追加・編集する前に「レイアウトを複製する」で、バックアップを作っておくと良いです。

（7）追加したい項目タイプを選択して配置する

　　左側にある項目タイプから追加したい項目タイプを選び、ドラッグ＆ド
ロップで右側の顧客データ項目に入れます。例えば URL 項目を「姓」項
目の上に「URL」項目をドラッグ＆ドロップするだけで項目が追加でき
ます。項目名などは「Web サイト URL」に自由に変更できます。

（8）追加できる項目タイプの一覧

項目の種類	概要
一行	文字を入力／管理する項目です（最大 225 文字まで）。　　使用例：氏名、ふりがな、商品の型番
複数行	文章を入力／表示する項目です（小 2,000 文字あるいは 大 32,000 文字）。※大を選択すると、この情報を元にした検索やビューの抽出、レポート表示はできません。　　使用例：詳細情報、その他コメント
メール	メールアドレスを入力／表示する項目です。＠の抜け漏れなど、入力されたメールアドレスデータの不備をチェックします。
電話	電話番号を入力／表示する項目です。※電話連絡先を設定すると、Zoho CRM からこの項目に入力した番号で電話をかけられます。
選択リスト	選択肢を設定し、値を 1 つ選択／表示する項目です。
複数選択リスト	選択肢を設定し、複数の値を選択／表示する項目です。
日付	年月日を入力／表示する項目です（yyyy／mm／dd 形式など）。※日付の形式は、ユーザーの日付の形式の設定に従って変更されます。
日時	年月日と時分秒を入力／表示する項目です（yyyy／mm／dd HH:mm:ss 形式）。※日付の形式は、ユーザーの日付の形式の設定に従って変更されます。
数字	整数を入力／表示する項目です（最大 9 桁）。使用例：参加人数、訪問回数
自動番号	Zoho CRM が自動で一意の整理番号を割り振る項目です。項目の作成、編集時に接頭語や接尾語、開始番号を指定できます。使用例：請求番号
通貨	金額を入力／表示する項目です（16 桁／小数点以下を含む）。小数点以下の桁数や切り捨て、繰り上げなどの処理方法を設定します。
小数	数字を入力する項目です（16 桁／小数点以下を含む）。
パーセント	％ を入力／表示する項目です（最大 5 桁／数字とピリオド含む）。
長整数	整数を入力／表示する項目です（最大 18 桁）。
チェックボックス	真偽値を入力／表示する項目です。使用例：同意チェック
URL	URL を入力／表示する項目です。
数式	他の項目の値をもとに、数式で計算した結果を表示する項目です。※Zoho CRM では、端数計算に「銀行まるめ」を採用しています。
ルックアップ	他のタブに存在する、関連データを表示する項目です。
ユーザー	Zoho CRM の組織に所属しているユーザーを選択／表示する項目です。
ファイルのアップロード	添付ファイルを選択／表示する項目です。ローカルのファイル、ドキュメント、Zoho WorkDrive、Zoho Docs、Google ドキュメントの添付が可能です。
画像のアップロード	画像を選択／表示する項目です。合計サイズは20MBで、画像の最大枚数は10枚です。JPEG、PNG、GIF、BMP形式の添付が可能です。
複数選択のルックアップ	他のタブに存在する、関連データや複数のデータを表示する項目です。
サブフォーム	レイアウト上で二次的なフォームを作成できます。例えば、複数の商品を関連付けたり、商品購入数による合計金額の集計を算出する関数をデータに追加することも可能です。

　　追加できる項目タイプは、このようになっています。

既存顧客データを取り込む

　Zoho CRM の準備ができたら、次に顧客情報を取り込んでいきます。既存顧客のデータがある場合は、Excel や CSV データの形で情報を取り込むことができます。

（1）Excel や CSV で管理している既存顧客データを用意する

　既存顧客データ（Excel、CSV）を用意してください。

（2）Excel や CSV で管理している顧客データのインポート

　連絡先タブに既存顧客のデータを取り込むには、右上の「▼」をクリックし、「連絡先をインポート」を選択します。

（3）顧客データを選択する

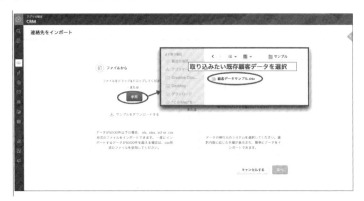

　「参照」ボタンをクリックすると PC からの取り込みダイアログが表示
されるので該当する顧客データファイルを選択します。

（4）アップロード完了したら次ボタンをクリックする

　取り込みたい顧客データファイルを選択したら「次へ」をクリックしま
す。

（5）CRM の連絡先に顧客データを追加する

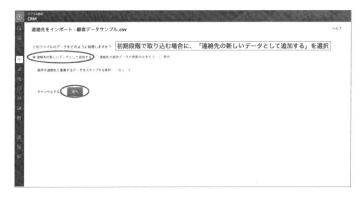

「連絡先の新しいデータとして追加する」を選択し、「次へ」ボタンをクリックします。

（6）顧客データ項目と連絡先タブの項目を関連づける

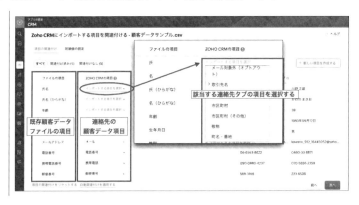

　左側が取り込んだ既存顧客データファイルの項目、右側が CRM の連絡先タブの項目になります。取り込む既存顧客データファイルの項目と取り込み先の CRM の連絡先タブの項目を紐付けします。

（7）関連付けを確認し、次ボタンをクリックする

　関連付けしたものが間違ってないか確認し、「次へ」のボタンをクリックする。

（8）「完了する」をクリックする

　「完了する」ボタンをクリックすると取り込み処理が開始されます。

（9）取り込み完了

完了通知が表示されたらブラウザーで再読み込み（リロード）します

　取り込み処理が完了すると右下にインポート状況が表示されます。ブラウザーで再読み込み（リロード）をすることで取り込んだデータが表示されます。

Web フォームとの連動させる（Zoho Forms）

　Web サイトの問い合わせフォームに入力される顧客情報を CRM に取り込むことも可能です。その場合は、Zoho Forms を使ってフォームを作成し、CRM と連携させます。

（1）Zoho Forms を立ち上げる

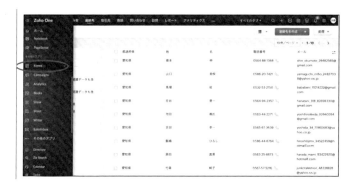

Web フォームは、Zoho Forms を使って簡単に作成できます。Zoho Forms を起動させます。

（2）新規フォームを立ち上げます。

「新しいフォーム」をクリックします。

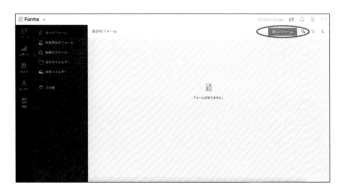

（3）フォームタイプを選択する

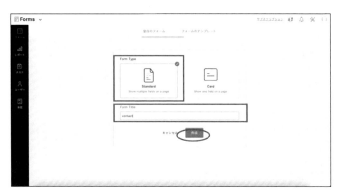

<参考：日本語だとUntitledになる>
英語：https://forms.zohopublic.com/oniwa/form/contact/formperma/CWpo0te5ZimrNEOlamjrCHZuMu-eJYeRYXNv
日本語：https://forms.zohopublic.com/oniwa/form/Untitled/formperma/Q8gWyHANpAyEjRqe1vMQgwZNULhlt5C9UM

Form Type は、Standard を選択します。Form Title を入力します。

※ From Title は、英語またはアルファベットで記載することをお勧めします。日本語でもアクセス的に問題ないのですが、作成した Form のアクセス URL が Untitled になるからです。

（4）フォームに必要な項目を選択する

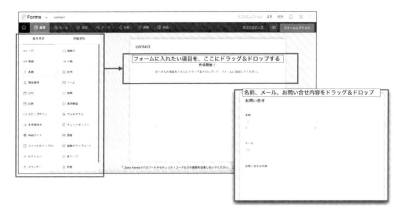

　Webフォームに必要な項目を作成していきます。名前、メール、お問い合わせを選択し、ドラッグ&ドロップしてください。

（5）フォームのデザインを作成する

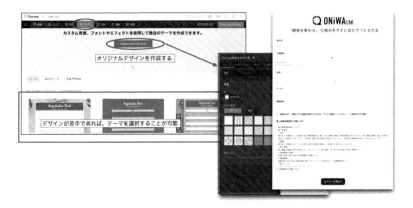

　フォームのデザインは、テーマを選択したり、オリジナルでデザインしたりすることも可能です。これでフォームは完成です。

（6）作成したフォームにアクセスするための URL を発行する

　「共有」をクリックするとフォームのリンク URL が表示されます。Web サイトの問い合わせボタンなどに使えます。また短縮 URL もあるので、メールなどで送る場合に活用できます。

（7）フォームに入力されたデータを CRM と連携する

　フォームに入力されたデータを CRM に同期するには、「連携」をクリックして CRM との同期設定をします。

（8）CRM と連携する

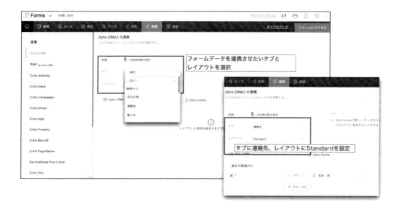

　フォームデータを連携させるタブとレイアウトを選択します。

（9）CRM のデータ項目と関連づけるフォームのデータ項目を選択する

　CRM のデータ項目と関連づけるフォームのデータ項目を選択します。例えば、CRM のデータ項目「姓」とフォームのデータ項目「名前 - 姓」を関連付けます。

(10) CRM との連携が完了

「連携」ボタンクリックで同期の設定が完了します。

名刺の情報を CRM に取り込む方法（Card Scanner）

名刺交換等で入手した顧客情報を CRM に取り込みたい場合は、Zoho CRM と連携できる「Card Scanner」を使って取り込んでいきます。

（1）名刺の情報をスキャンするアプリをダウンロードする

名刺データをスキャンして CRM に入れるには、スマホアプリの「Card Scanner」をダウンロードしてください。設定ボタンをクリックし、開い

た設定画面から Zoho をクリックし、ログインします。

（2）実際のスキャンする

※画面はiPhoneアプリの画面です。

　設定画面の「言語の選択」をクリックし、日本語を設定することで、日本語名刺をスキャンすることができます。

　CRM に顧客情報を取り込むことができ、メールを送る準備ができました。

　次からは、CRM にある顧客情報をセグメントし、よりパーソナライズされたメールが送れるようにしていきます。

5-3 Zoho CRM から メールを送る

　ここでは、Zoho CRM からメールを送る方法を説明していきます。

　Zoho CRM からは、顧客に対し個別にメールをすることもできますが、ここではセグメントされた顧客に対してメールを送る方法を説明します。「愛知県」「男性」「女性」「〇〇業界の人」などと、特定のセグメントに絞ってメールを送りたい時は次のように進めてください。

顧客セグメントを分ける

（1）CRM 上で顧客をセグメントする

　CRM 上でセグメントを作成する場合、一覧（カスタムビュー）を作成します。カスタムビューを作成する場合、カスタムビューの名前（セグメントタイトル）を設定します。

　次にセグメントする条件を設定します。下記の例としては、住所の都道府県が愛知県でセグメントしています。※セグメント条件は複合条件も可能です。

114

（2）配信するメールのテンプレートを作成する

　セグメントできたら、次に配信するメールのテンプレートを作成してい
きます。テンプレートを新規作成する時は、設定（歯車）をクリックし、
「テンプレート」を選択してください。

（3）メールテンプレートを新規作成する

　「新しいテンプレート」をクリックします。次にタブを選択します。
Zoho CRM には、「見込み客」「連絡先」など 各種データのタブがありま
す。メールテンプレートを使ってメール配信したいデータのあるタブを選
択します。

（４）「白紙」を選択する

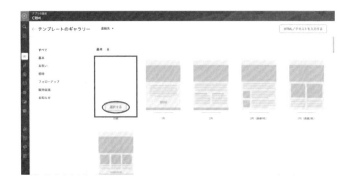

　テンプレートのギャラリーからフォーマットを選択します。ここでは、「白紙」を選択し、「選択する」ボタンをクリックします。

（５）メールの文面を作成する

　メールの文面をテキストや画像などを使って作成します。左から必要なブロックを右にドロップして設定をしていきます。またテキスト要素上で「#」を入力するとCRM上の項目を表示することができます。会社名や名前など個別に変える必要がある場合などに使います。作成が完了したら右上の保存ボタンをクリックします。

（6）セグメントで分けたビューにメールを送る

　先ほど例で作成した連絡先の愛知県のセグメント（ビュー）を選択します。

　送付先を選択します。全件選択する場合は、都道府県の隣のチェックボックスをクリックします。送付先を選択後、「メールを送信する」ボタンをクリックします。

（7）「サンプルメールテンプレート」を選択

　「Select Template」をクリックし、作成したテンプレート「サンプルメールテンプレート」を選択します。一括メール送信の画面になるので、差出人や返信先、送信方法などを選択し、「送信する」をクリックします。これでメール送信は完了です。

（8）メールの送信結果が表示される

　メールが送信されると送信できたメール数とできなかったメール数が表示されます。

　下に表示された「送信済みメールの統計を表示する」をクリックするとメールの開封の有無やメール内リンクのクリックなどもデータとして取得することができます。誰が開封したか知りたい場合には、「開封」の文字をクリックすると開封した送付先のリストが表示されます。

Zoho Campaignsから メールを送る

5-4

次に、Zoho Campaigns からメールを送る方法を説明します。

すでに説明した通り、メールマーケティングを行う場合は、Zoho Campaigns からメールを送付してください。

Zoho Campaigns からメールを送る場合は、Zoho CRM にある顧客情報に同期し、顧客をセグメントしてからメールを送るようにします。

Zoho Campaigns と Zoho CRM を同期する

（1）Zoho Campaigns を立ち上げる

左のメニューにある Campaigns をクリックします。もし見つからない場合は、「その他のアプリ」から選択します。

（2）Zoho CRM の情報を同期する

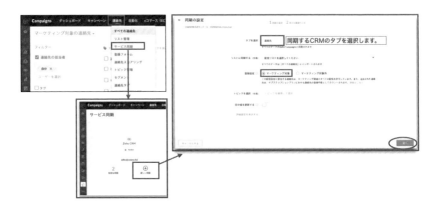

「連絡先」にある「サービス同期」を選択します。

「Zoho CRM」にある「新しい同期」をクリックすると同期の設定画面が表示されます。「タブを選択」の欄で同期する CRM のタブ（見込客・連絡先）を選択します。

「登録設定」はマーケティング対象（※）を選択します。「次へ」のボタンをクリックします。（※）マーケティング対象へはメールを配信することができますが、Zoho One のプランでは 5000 件の上限があります。マーケティング対象外にした場合には、上限はないですが、メール配信ができません。5000 件を超える場合は、マーケティング対象を切り替えて使うか、追加費用がかかりますが上限を上げることも可能です。

120

（3）CRM の項目の中から Zoho Campaigns に紐付けたい項目を選ぶ

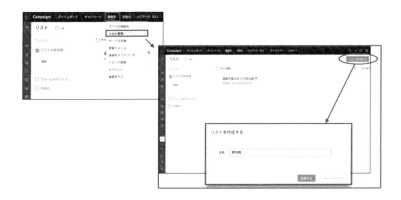

　同期したい CRM の「連絡先」タブの項目と Campaigns の項目の関連付けを関連付けます。「取引先」タブや「商談」タブも関連付けします。またカスタム項目などがある場合には、「項目をさらに関連付ける」で関連付けすることができます。関連付けが完了したら「開始」ボタンをクリックします。完了すると基本的な設定が表示され、同期が完了します。

（4）セグメントした顧客リストに名前をつける

　「連絡先」にある「リスト管理」を選択します。「リストを作成する」をクリックし、リストの名前を入力します。（例「愛知県」の在住のリストなど）

（5）作成したリストに顧客の連絡先を登録する

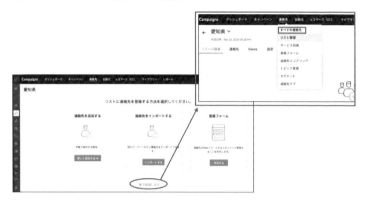

リストに連絡先を登録する場合は、以下の方法があります。

　・連絡先を追加する（手動）

　・連絡先をインポートする（ファイルから読み込み）

　・登録フォーム（フォームによる登録）

　この３つ以外に、先ほど設定したCRMから同期された連絡先を追加するには、「後で追加します」をクリックします。クリックしたら、連絡先タブの「すべての連絡先」を選択します。

（6）同期した連絡先が表示された

　先ほど同期した連絡先データが含まれる「すべての連絡先」が表示されています。

　リストに追加したい連絡先を選択しチェックをするか、検索で絞って全件にチェックを入れます。表示されるリストを特定のリストに絞りたい場合は、「高度な検索」マークをクリックし、項目で条件設定します。例えば、住所（都道府県）が愛知県の連絡先の一覧を表示と等しいという条件で絞り込みした一覧が表示されます。

（7）配信するリストを選択する

　連絡先一覧から、作成したリストに加えたい連絡先にチェックを入れて「リストにコピー」のボタンをクリックします。配信リストを選択し「保存する」ボタンをクリックします。これでリストが作成されました。

　次はリストを使ってメールを送る手順になります。

作成したリストに対してメールを送る

（8）キャンペーンを作成する

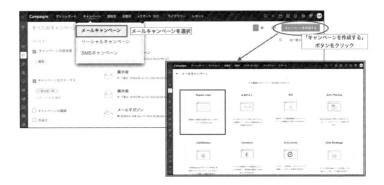

　企業が商品やサービスを宣伝するために顧客に向けてマーケティングを実施することを Zoho では「キャンペーン」と呼んでいます。

　Zoho Campaigns の上のタブの中から「キャンペーンタブ」、「メールキャンペーン」を選び「キャンペーンを作成する」をクリックしてください。

　メールキャンペーンで表示される種類は、「Regular email」を選択します。

（9）「キャンペーン名」を入力する

　キャンペーンメールを管理するため「キャンペーン名」を入力します。「トピック名※」を選択します。「保存して続ける」をクリックします。

　※トピックは、連絡先を、配信メールのトピックごとに分類できます。（例：

商品やサービスの最新情報、販促キャンペーン、毎月のメールマガジンなど）トピックを選択するには、事前にトピックを登録する必要があります。

（10）件名、配信元、配信先を設定する。

件名、配信元、配信先を設定します。

次にメールの「本文を作成する」をクリックして本文を作成します。

（11）テンプレートを作成する

HTMLメールを送るのですが、テンプレートを使うと簡単に作成ができます。「基本のテンプレート」を選択します。基本のテンプレートの一覧が表示されるので使いたいテンプレートを選択します。

（12）メールの本文を作成する。

　テキストや画像など必要なコンポーネントをドラッグ＆ドロップして設定をしていきます。画像や文字を設定していくとサンプルイメージのような形でメールを作成することができます。作成が完了したら「続ける」ボタンをクリックします。

（13）配信方法などを設定する。

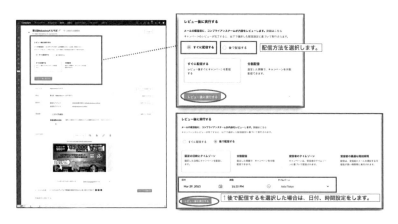

　キャンペーン（メール）を配信する場合は、迷惑メールに分類されない文面や構造になっているかを Zoho のコンプライアンスチームが確認します。レビューが完了したらメールが送られます。送信方法は、レビュー完

了後に「すぐに配信する」方法と「後で配信する」方法があります。

　すぐに配信する場合は、「すぐに配信する」にチェックを入れて、「レビュー後に実行する」ボタンをクリックします。

　「後で配信する」場合は、日付、時間、タイムゾーン（Asia/Tokyo）を設定し、「レビュー後に実行する」をクリックします。その後、レビューが完了すれば、設定に合わせてキャンペーン（メール）が配信されます。

　これでメールが送信されました。

（14）配信結果を確認する。

　配信後に開封状況やリンククリックの分析ができます。

　このキャンペーンは30人にメールが送られて、11人が開封、19人が未開封、クリックは1名という結果がわかります。また、誰が開封したかなどの数字をクリックすることで開封・未開封者がわかります。また開封時間などもわかるため、顧客の行動情報となります。

5-5 メールマーケティングの シナリオを考える

　セグメントメールを送るにはシナリオが必要だと言いました。できれば
そのシナリオは自社に合ったものを自分達で考えることが理想です。しか
し、ゼロからすべて考えるのは大変ですから、慣れるまではシナリオのテ
ンプレートを活用するのがおすすめです。

　シナリオメールを作成する場合は、Zoho Campaigns 内にあるワーク
フローを使います。メニューの「自動化」から「ワークフロー」を選択す
ると、図のようにいくつかのパターン別にテンプレートが出てきます。

　試しにここでは、「10日間のステップメール」を選びます。

プレビューボタンをクリックするとシナリオ全体を確認できます。

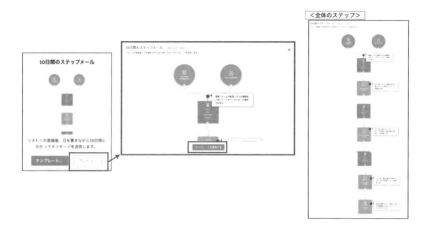

　それぞれのステップに必要なメールの文面は、自分達で考える必要があります。シナリオを決めたあと、自分達でメールの文面を考えるのもいいですが、効果を高めたい場合は、メルマガの得意なライター等に依頼するという方法もあります。また、本書の目次後ろにある特典ページでは、よく使うメールテンプレートを用意しましたので、ダウンロードして活用してみてください。

第6章

システムを活用して
さらなる成長を目指す

6-1 システムを導入して終わりにしない

　ここまで、売上増加のための仕組みとして、CRM を中心としたシステムを活用する方法についてお伝えしてきました。CRM を導入することができたら、積極的に業務で活用しなるべく早く組織に定着するようにしていきましょう。

　システムを導入しただけで終わってしまったという声は、本当によく聞きます。高いコストをかけて導入しても、業務で活用していかなければ意味がありません。とはいえ、CRM のようなシステムの導入や変更は、これまでの業務を変更することになりますから現場からの不満や困惑の声も聞こえてくるかもしれません。

　ですが、だからといって「うちの会社では無理だった」と早々に諦めないでください。理想としては、導入ベンダーの力を借りて主要メンバーに教育してもらい、そのメンバーを中心にチーム内に浸透させていくという方法です。コツがあるとしたら、決済者が「やる」と決めてしまうことです。国の DX レポートでも、IT・デジタル化の推進が成功している企業の多くはトップダウンで進められていることがわかっています。

6-2 貯めた顧客情報を分析し、LTV の施策を考える

　せっかく CRM などのシステムを導入したなら、顧客情報を貯めっぱなしにせず分析して活用していきましょう。

　中小企業は一度購入した顧客への再アプローチを行わず、一度きりにしてしまうことが多いです。新規顧客の獲得ばかりに意識が向いてしまい、既存客にもう一度購入（利用）してもらうための営業活動が疎かになってしまっていないかどうかを改めて考えてみてください。

　顧客の LTV（ライフタイムバリュー、顧客生涯価値）を高めることは、どの企業においても重要なことです。LTV とは、その顧客が生涯のうちにどのくらいの利益をもたらすかを表すもので、計算式は次のようなものになります。

LTV ＝平均購買単価 × 継続購買期間または平均購買頻度

　すでに顧客になってくれている人への販売は、新規顧客への販売ほど難しくありません。アメリカのコンサルティング会社ベイン・アンド・カンパニーのフレデリック・ライクヘルドは、既存顧客を維持するためにかかるコストは新規顧客の獲得に係るコストの5分の1で済むといい、さらに顧客離れが5％改善すれば、利益が25％改善するともいっています。

　ということは、売上を増大させるには既存顧客にできるだけ長く（あるいは何度も）購入や利用してもらえるような施策を考えていかなければならないというわけです。

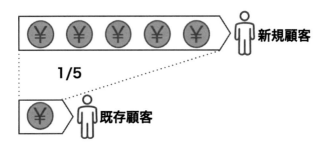

新規顧客

1/5

既存顧客

　LTVを高めるには、平均購買単価か継続購買期間（平均購買回数）の
どれかを上げるか、または両方とも上げるかしか方法がありません。
　ちなみに顧客の購買単価を上げる方法としてよくいわれるのは、アップ
セルやクロスセルです。アップセルとは顧客により高額な商品を販売する
ことで、クロスセルは他の商品を販売すること。アップセル・クロスセル
のどちらも、顧客の平均購買単価を引き上げるために行われる施策になり
ます。具体的に何をすべきかは、それだけで本が一冊書けてしまうほどで
すから、別の機会にお伝えすることにしますが、LTV向上のための施策
においてもCRMに貯められた顧客情報は重要な役割を果たします。

営業ノウハウを資産化し、組織力を強化する

　CRM などのシステムが業務に定着してくると、顧客情報だけでなく会社のナレッジも蓄積できるようになります。

　営業のノウハウは属人化しやすく共有されていないことが多いというお話をしたと思います。特に営業は人によって得意不得意もありますし、ベテラン営業担当者と新人の営業担当者であれば、その営業成果にかなりの差があるものです。でも、仮に新人営業担当者でも効果的な営業ができるようなノウハウがあったとしたら結果は変わります。

　システムによって商談の進め方などが可視化されることで、新人はベテラン営業担当者の仕事の進め方を参考にすることができますから、チームの総合力の強化に繋がるのです。

　また、新人でも高いレベルで営業アプローチができるようになれば、仕事の反響が得られることから、社員のモチベーションが向上するという副次的なメリットも得られます。人材確保や育成に常に悩んでいる中小企業には、人が働きたくなるような環境を用意することも大切なことの一つではないでしょうか。

6-4 分析データをもとに新たな ビジネスチャンスを創出する

　営業部門を中心に DX を行うことで、経営上の判断はこれまで以上にスピーディーに行えるようになります。多忙な経営者は分析に時間をかけることができません。大企業なら、部署ごとに業務が細分化されているため、経営上の判断が必要な分析データがすぐに揃うような環境が整っています。しかし中小企業の場合、これらのことをすべて経営者が行っているケースも少なくありません。また、その日時点での売上がどうなっているかは、経理上の締め日を迎えないと明確にならないこともあるのではないでしょうか。

　仮に担当者がいたとしても、社員1人の業務負荷が大きい傾向のある中小企業では、新たな仕事を任せられないという物理的な限界があります。それだけを取り上げてみても、必要な分析結果が情報が即座に可視化できるのは、中小企業にとって大きな貢献になるはずです。

読者限定特典
メールテンプレート

本書で学んだ顧客管理を実践していただき、メールマーケティングに活用して頂ければと思い、読者の方限定でメールテンプレートをご用意しました。
ぜひ、ダウンロードして活用してください。

01 来場のお礼メール

イベントや展示会などに来てくれたセグメントに最初に出すお礼メールです。このメールは、参加者への感謝を示すとともに、次回のイベントや製品、サービスについての情報を提供する機会でもあります。

02 フォローアップメール

お礼メールなどでコンタクトした後、そのセグメントに対して再度、コンタクトしリマインド、情報共有、関係性の維持・強化に使うためのテンプレートです。主にノウハウ、事例、商品・サービス詳細などを参加者のセグメントに応じてメール配信します。

03 セミナー案内メール

フォローアップメールで興味ある商品やサービスなどが分かれば、セグメントをして、それに関連するセミナー、個別相談会、ウェビナーなどの案内を送ります。

04 ニュースレター

最新のニュース、イベント情報、製品やサービスの情報、業界のトレンド、教育的な記事、エキスパートのアドバイスなどを定期的に配信し、情報共有、顧客エンゲージメントの促進、教育と啓発、プロモーションやマーケティングなどに繋げます。

ダウンロード
https://zfrmz.com/c7BfGKgHni5Te92K95QV

おわりに

　最後まで本書をお読みいただきありがとうございました。

　DX（デジタルトランスフォーメーション）に取り組んでいる、取り組み始めた中小企業が増えて来て、様々な DX ツール（システム）の導入が進められています。

　その一方で、ツール（システム）が導入したにもかかわらず、うまく使いこなせていない、思ったより成果が上がらないなどのご相談をよくされます。中小企業の多くがツールを入れれば、売上が上がる、業務効率化につながるなどツールの機能ありきで導入し、失敗してしまっています。この本に書いてあることを実施できれば、運用ができ成果につながることができるはずです。

　本書は、中小企業にとって、決して安くないツール（システム）導入を費用ではなく、投資にしていただきたいと思いで執筆いたしました。

　昔は CRM など顧客管理システムを導入するとなると数千万円の費用が必要になり、中小企業では手が届かなく、Excel や Access などで管理するのが限界でしたが、

　今はクラウドによって様々なシステムが手の届く費用で使うことができます。

　これらを活用できれば、中小企業が今までできなかったことが実現でき新たなビジネスの創出や業績向上などを実現できます。ただ今、世間で公表されている成功事例や、やり方などは大企業で IT 人材がいるなどの前提で話がされていることが多いためそのまま中小企業が取り入れようとした際に様々な問題が起こり、結果、失敗してしまうことが多いです。

　中小企業が DX を進める上で、クラウドで共通化されたツール（システム）を使うことで費用を抑えられるのですが、成果を出すには、ツールに合わせて業務や運用を変える必要があります。

　本書のタイトル「ツール選びが 9 割」にあるように、ツール自体の汎用

性、メンテナンス性、将来の拡張性などを考慮したツール選定が重要になります。

　ただ中小企業にとって、会社全体の業務や運用、将来を事前に考えてツール（システム）の選定するのは非常に難しい面もあります。本書の内容にあるように、まずは売上に関係する営業回りの運用を中心に考えた選定をしてみてください。

　もし、選定に悩むようであれば、本書で紹介している Zoho がお勧めです。

　SFA、CRM はもちろん、クラウドストレージや電子サインなど、さまざまなバックオフィス業務にも対応ができるツール群があるかです。

　これらを使って既に導入している他のサービスを Zoho に一元集約することで業務効率があがり、他のサービスの使っている費用を圧縮できます。

　本書や弊社の Web メディア「はじめての Zoho（https://oniwa.co.jp/zoho/）」を読んで皆様自身で、ぜひ導入を図っていただければと思います。

　もし自身での導入が難しい、社員に使い方を教育して欲しいなどあれば、弊社でご支援することもできます。弊社は Zoho を使ったフロントオフィスからバックオフィスまでの導入支援を多くの企業に行っております。導入のための無料相談も行っておりますのでお気軽にご連絡ください。本書が皆様のビジネスの一助になれば幸いです。

　本書の執筆にあたり、多くの方々にご協力いただきました。

　構成作りでは、弊社顧問として日頃よりお世話になっている株式会社 PROPO 代表取締役の中尾様に、深夜までご協力いただき本当に感謝しております。

　私自身初めての執筆ということもあり、編集・制作については何も分からない状態でした。

　ライターの西田かおり様には、途中で諦めそうになる私を何度も励ましていただきました。本当に感謝しかありません。ありがとうございました。

また、株式会社三恵社の木全様には、タイトなスケジュールになってしまったにも関わらず、柔軟にご対応いただきました。無事に出版することができたのも、木全様のおかげです。本当にありがとうございました。

　今回の出版に際してご協力いただきました皆様と最後まで読んでいただきました読者の皆様に、この場を借りてお礼を申し上げます。ありがとうございました。

ONiWA 株式会社

著者略歴

ONiWA 株式会社

コンサルティングからシステム開発、Web 制作まで一気通貫で支援するデジタルマーケティングと DX に強い会社。中小企業に焦点を当てたデジタルマーケティング戦略とその仕組み化を提案し、お客様のビジネス成長を支援する。

ミッションに「デジタルマーケティングと DX で、中小企業の発展に貢献する」を掲げ、すべての中小企業に、IT・デジタルを活用した「売れ続ける仕組み」を提供できる未来を目指す。Zoho 認定パートナー。

中小企業の DX 成功はツール選びが 9 割

「Zoho」でつくる売上と業務効率を向上させる仕組み

2024 年 2 月 9 日　　　初版発行
2024 年 5 月 9 日　　　第二刷発行

著　　者　　ONiWA株式会社
定　　価　　本体価格 1,800円＋税
発 行 所　　株式会社　三恵社
　　　　　　〒462-0056 愛知県名古屋市北区中丸町2-24-1
　　　　　　TEL 052-915-5211　FAX 052-915-5019
　　　　　　URL http://www.sankeisha.com